应对全球化挑战的探索与思考

陈安国◎著

中国言实出版社

图书在版编目（CIP）数据

应对全球化挑战的探索与思考 / 陈安国著. — 北京: 中国言实出版社, 2018.7

ISBN 978-7-5171-2884-7

Ⅰ. ①应… Ⅱ. ①陈… Ⅲ. ①社会科学－文集 Ⅳ.①C53

中国版本图书馆 CIP 数据核字（2018）第 175181 号

责任编辑：任九光
责任校对：李　琳
责任印制：佟贵兆
封面设计：徐　晴

出版发行	中国言实出版社

地　址：北京市朝阳区北苑路 180 号加利大厦 5 号楼 105 室
邮　编：100101
编辑部：北京市海淀区北太平庄路甲 1 号
邮　编：100088
电　话：64924853（总编室） 64924716（发行部）
网　址：www.zgyscbs.cn
E-mail：zgyscbs@263.net

经　销	新华书店
印　刷	北京虎彩文化传播有限公司
版　次	2018 年 8 月第 1 版　　2018 年 8 月第 1 次印刷
规　格	710 毫米×1000 毫米　1/16　13.5 印张
字　数	202 千字
定　价	46.00 元　　ISBN 978-7-5171-2884-7

前　言

当前，全球化已成为不争的事实。目前许多学科的学者都在关注全球化，从各种角度提出了不同观点。笔者正是在这种纷繁复杂的全球化语境中讨论中国作为发展中国家，如何应对全球化挑战、解决自身发展所面临的各种问题。这需要清醒的头脑、敏锐的眼光，要求我们必须坚持马克思主义的立场与方法，能够在复杂的语境中寻求发现问题、分析问题和解决问题的正确途径。

本文集是笔者多年来从事全球化和中国特色社会主义理论和实践研究成果的小结，收录的文章主要在于从全球化提出的挑战和机遇的角度，积极探寻中国特色社会主义发展的出路，从而为广大发展中国家在全球化的复杂境遇中进一步实现后发优势提供参考。本文集分为五大专题：

第一辑是关于中国新经济的研究专题。笔者主要研究了近年来中国宏观经济发展所面临的转型问题。其中，重点在于经济新常态、提高经济潜在增长率、加快制造业发展以及发展低碳经济等，力求探索经济新常态下的中国经济转型和发展之路。

第二辑是关于全球化的研究专题。笔者认为全球化对于中国认清国际形势、处理国际关系和构建人类命运共同体都具有重要意义，并从全球化时代马克思主义的国家主权观、跨国公司对民族国家的挑战和全球化意识形态的陷阱等涉及国家主权、安全的重大理论问题入手，为中国应对挑战提供理论和现实路径。

第三辑是关于国际交流和技术进步的研究专题。笔者主要研究了发展中国家的技术创新和国际技术交流等问题，其中重点研究了国际技术转移与发展中国家技术进步、技术转移与创新型城市建设、研究型大学技术转移、发展中国家技术引进和技术创新等重要领域，为促进发展中国家的技术进步和技术创新提供政策建议。

第四辑是"三农"领域研究专题。笔者关注社会主义新农村建设中的热点、难点问题，包括农村产权制度改革、新生代农民工、农村专业合作社、西部农村义务教育、垃圾污染防治、边疆地区农村劳动力转移等，力求对新农村建设提出建设性意见。

第五辑主要在于体制改革和社会管理创新。笔者重点研究了认证认可制度和社会救助等领域，聚焦经济、社会和民生等热点问题，致力于推动中国社会全面健康发展、促进中国特色社会主义的"五位一体"总体布局发展。

本文集涉及诸多研究领域，主要探讨全球化背景下建设中国特色社会主义在经济、政治、社会、文化、生态等领域出现的重大问题，也反映出在实现中华民族伟大复兴的道路上，曾经面临的各种困难、付出的艰苦奋斗和点滴积累而成的巨大进步。本次结集，个别文章题目和内容，略有修改。因收入书中的大多文章研究年限较长，成果陆续形成，结集时考虑到当时的研究背景，故保持原貌，未作大的改动，在此特作说明。受历史条件和视野所限，可能存在粗疏错漏之处，衷心希望各位读者朋友予以批评指正。

陈安国

2018 年 8 月

目　　录

第一辑　中国新经济

准确把握我国经济新常态下的总基调
　　　　——2015 年中央经济工作会议精神解读　　2
破解发展困境，厚植发展优势
　　　　——进一步提高我国经济潜在增长力　　7
发挥区位优势　促进制造业发展　　11
关于加快发展我国低碳经济的政策建议　　20
市场经济与人的全面发展　　25

第二辑　全球化的挑战

全球化时代马克思主义的主权观探析　　34
经济全球化中跨国公司对民族国家的挑战及其应对策略　　43
论"全球化"意识形态的陷阱　　54

全球化语境中"人权高于主权"意识形态之批判　62

国际金融危机形势下积极促进灵活就业的政策建议　67

国际金融危机背景下返乡农民工思想状况调查分析　73

第三辑　国际交流与技术进步

努力推进技术转移　加快建设创新型城市　80

多学科视野中的当代国际技术转移　83

论发展中国家的技术成长模式及其启示　95

发展中国家技术成长历程的新探索　101

发展中国家技术引进有效性不足的原因及对策　111

发展中国家政府在国际技术转移中的效用　116

加快技术转移　实现共同发展

　　——清华大学向西部地区转移技术的案例分析　124

第四辑　"三农"问题

加快推进我国农村土地产权制度改革的新探索

　　——以新疆巴里坤县土地流转模式为例　132

新生代农民工面临的突出问题及对策建议　137

我国农民工子女义务教育中的突出问题及对策建议　142

我国农民专业合作组织存在的问题与对策建议　146

西部农村地区义务教育中的突出问题及对策建议　152

加快发展农业保险，助力农村地区全面建成小康社会　157

当前农村信用体系建设中存在的主要问题及政策建议　161

新农村建设中垃圾污染防治问题及对策建议　166

加快边疆少数民族地区农村劳动力转移的对策建议　173

第五辑　其他

认证认可工作对地方经济社会发展的促进作用　180

进一步推进许可和认证两种制度整合优化　185

加快推进建筑节能认证事业发展的政策建议　188

适应能源新形势　促进节能认证工作新发展　195

关于浙江省德清县救助模式的调查研究　201

第一辑

中国新经济

准确把握我国经济新常态下的总基调[*]

——2015 年中央经济工作会议精神解读

2015 年中央经济工作会议提出，要主动适应经济新常态，坚持稳中求进的总基调，坚持以经济增长的质量和效益为核心，这是实现社会主义现代化和全面建成小康社会的根本要求。

一、我国经济新常态的新解读

（一）**我国经济形势正发生新变化**。经济发展正处于经济增长速度换挡期、结构调整阵痛期、前期刺激政策消化期"三期叠加"阶段。"三期叠加"阶段的判断，前提是我国发展仍处于大有可为的重要战略机遇期，但战略机遇期的内涵和条件发生变化。我国目前经济增长的内生动力比较乏力，经济结构将进入到转型升级的关键时期。导致我国经济结构性调整的主要因素有：第一，资源配置能力降低。我国人口、资源等越来越多地向以服务业为主的第三产业转移，而服务业的劳动生产率显著低于制造业，这必然会使整体的劳动生产率下降。第二，要素供给效率降低。人口红利消失、传统工业化结束、资本回报率低、技术进步缓慢等因素增多，导致增速下降。第三，创新能力落后。我国面对发展中国家的激烈竞争，以及发达经济体逐步加大技术壁垒，必须从依赖技术进口转向自主创新。第四，资源环境约束力加大。资源环境受到严重破坏，对我国传统的经济发展方式也提出了挑战。第五，投资机制体制需要加强。我国经济增长，在今后相当长时间内仍将高度依赖投资。第六，城镇化模式需要转型。

---

* 本文发表于《人民公仆》2015 年第 1 期，标题有改动。

必须推进新型城镇化，实现公共服务均等化。

（二）我国经济新常态的新特征。经济新常态，就是以中高速、优结构、新动力、多挑战为特征的新阶段。经济新常态，代表着我国最高决策层对经济形势的判断和态度。当前我国经济新常态的基本特征具体如下：第一，经济增长转向中高速。中央决策层对于较低的经济增速已经达成共识，习近平总书记指出："即使是7%左右的增长，无论是速度还是体量，在全球也是名列前茅的。"习近平总书记指出，增长必须是实实在在和没有水分的增长，是有效益、有质量、可持续的增长。可见，经济增长关键在于质量和效益。第二，经济结构不断优化升级。习近平总书记指出，实现尊重经济规律、有质量、有效益、可持续的发展，根本途径是加快转变经济发展方式，关键是深化产业结构战略性调整。产业结构调整的主攻方向应是巩固农业基础地位，大力调整制造业，加快发展服务业。当前我国最终消费率不到50%，与美国等发达国家超过80%的消费率仍有很大差距。第三，经济动力转向创新驱动。只有创新驱动，才能提高单位要素生产率，从而提高经济产出效率。习近平总书记指出，国际经济竞争甚至综合国力竞争说到底是创新能力的竞争，实施创新驱动发展战略刻不容缓。科技创新和体制机制创新的两个轮子要共同转动，才能推动经济发展方式根本转变，增强我国综合国力。习近平总书记强调，要面向世界科技前沿、面向国家重大需求、面向国民经济主战场，精心设计和大力推进改革，让机构、人才、装置、资金、项目都充分活跃起来，形成推进科技创新发展的强大合力。习近平总书记强调，"创新驱动实质上是人才驱动。"应尽快形成一支规模宏大、富有创新精神、敢于承担风险的创新型人才队伍。第四，资源配置转向市场起决定性作用。在市场起决定性作用的新常态下，政府必须进一步释放市场活力，将资源配置的决定权限交给市场，不断增强经济内生动力。通过深入推进行政审批制度改革，积极建立第三方评估长效机制；逐步建立政府购买社会服务机制，推动基本公共服务实现社会化、市场化。第五，经济社会转向包容性发展和公平正义。随着我国新型城镇化的加快推进，城乡居民逐步实现平等共享经济发展成果，经济发展走向包容共享型将是长期趋势。习近平总书记要求，保障和改善民生，必须要守住底线、突出重点、完善制度、引导舆论的工作思路。

二、稳中求进总基调的新彰显

面对我国经济发展呈现的新常态，2015 年中央经济工作会议指出，必须适应稳中求进的总基调，正确处理好发展和稳定的关系。"稳"既为当前经济转型提供基础，更为长远经济发展创造条件。只有扎扎实实地稳中求进，坚持以经济增长的质量和效益为核心，才能取得经济社会发展的新突破和新成就，确保社会主义现代化目标的顺利实现。

（一）稳中求进总基调的必然选择。习近平总书记始终强调，经济新常态下要坚持稳中求进的总基调，坚持以质量和效益为核心，不断促进经济持续健康发展，这体现了党中央领导经济工作的辩证思维。稳中求进是事物两种状态的辩证统一，关键是要采取渐进发展的方式。"稳"是稳定宏观经济运行，稳定是基础；"进"就是转变发展方式，以取得更高质量和更好效益，增长是目标。稳与进是辩证统一、互为条件的。只有通过"稳"，才能为转变经济发展方式、调整经济结构创造有利的外部条件；只有通过"进"，才能不断夯实经济增长的基础，增强经济发展的质量和效益。

习近平总书记指出，要准确把握改革发展稳定的平衡点，准确把握近期目标和长期发展的平衡点，准确把握经济社会发展和人民生活改善的结合点。从根本上讲，稳中求进是实现科学发展的全局性方针。历史地看，稳才能更科学地发展、更持久地前进。稳政策目的是稳市场预期。注重定向调控，不靠短期刺激政策拉动经济增长，而是依靠改革和市场来推动发展。微观政策要活，就要按照市场经济规律办事，以解决问题为导向，对已出台的各项政策措施抓紧落实，增强市场主体内生动力。社会政策要托底，就是要不断改善民生，创新社会治理，把基本民生搞好，加强社会保障，织牢社会稳定的安全网。坚持稳中求进，就必须要把改革要求与科学发展、政治稳定、社会和谐的要求统一起来。尽量减少或避免引发新的社会矛盾，始终做到稳定、改革、发展三者相互协调、相互统一。

（二）必须坚持平稳健康发展的基本前提。稳中求进中的"稳"，就是要保持宏观经济运行的连续性和基本稳定性，保持经济平稳较快发展；就是要综合施策，保持市场预期稳定，就是要有效化解各种社会矛盾。

稳中求进中的"稳",就是要扎扎实实做好经济工作,要以"提高经济增长质量和效益"为中心,促进我国经济持续健康发展。第一,要保持增长稳定。保持经济增长速度比较稳定,对于保证就业十分必要。增长速度过低,会影响社会的预期,引发各种社会矛盾。保持经济增长,关键是要更加注重增长的质量和效益。第二,要保持物价稳定。物价如果过低,经济会陷入衰退;物价如果过高,经济则会失衡。我国中低收入人口比重大,对物价剧烈波动的承受能力低。第三,要保持就业稳定。促进就业是民生工程的头等大事。要实实在在扩大就业、提高百姓收入,从而提高最终消费。必须要把就业放在经济工作的突出位置,拓宽就业渠道,才能确保就业形势总体稳定。第四,要保持农业稳定。我国农业综合生产能力提高还跟不上农产品消费需求的增长。需要进一步加大对农业支持保护力度,积极巩固和加强农业基础,保障我国粮食安全。习近平总书记强调,要从治国安邦的高度认识粮食安全的极端重要性,把确保国家粮食安全放在经济工作的首位。第五,要保持对外开放稳定。要以开放倒逼深层次改革。努力扩大对外投资贸易,充分利用国内国际两个市场、两种资源,不断提高国际竞争能力。发挥上海自由贸易区作用,推动更高水平的对外开放。积极主动开展经济外交,坚持互利共赢的对外开放战略。要保持出口稳定,实行多元化出口战略,培育潜在市场,尽快形成新的出口竞争优势。第六,要保持民生工作稳定。要积极有效地化解各种矛盾和风险隐患,确保人们安居乐业,健康发展。只有社会稳定,发展才会有基础。要注重制度建设,着力解决地区差异大、制度碎片化问题。坚持全覆盖、保基本、多层次、可持续方针,加强城乡社会保障体系建设,完善住房、医疗、养老、特困人口救助等制度,织好基本民生的安全保障网。

(三)必须坚持改革创新进取的方向目标。稳中求进中的"进",就是在经济发展方式转变方面取得新进展,在改革开放深化方面取得新突破,在民生改善方面取得新成效。

"进",就是要抓住我国经济发展的重要战略机遇期,把改革创新理念贯穿于经济社会发展的重要领域和重要环节,通过全面深化改革,不断激发市场活力,积极调整经济结构,努力提高经济发展质量和效益,不断突破创新,通过改革创新加快促进发展和改善民生。第一,要促进经济体制改革。通过不断深化改革，积极加强利益关系调整、资源要素分配，重点是要不断完善市场经济体制和加快行政体制改革。在这方面，习近平总书记的重要论述有：一是处理好政府与市场的关系。使市场在资源配置中起决定性作用，更好发挥政府作用，努力实现市场作用和政府作用有机统一、相互补充、相互协调、相互促进。二是要把增强微观市场主体活力作为重要突破口。加快推进国有企业改革，积极发展民营经济，推动政府简政放权，给企业松绑，增强微观市场主体活力。三是经济体制改革要为当前稳增长、调结构、惠民生、防风险服务。要通过改革解决问题、稳定市场预期。第二，要加快调整经济结构。经济结构战略性调整总原则是尊重规律、分业施策、多管齐下、标本兼治。习近平总书记指出，实现尊重经济规律、有质量、有效益、可持续的发展，根本途径是加快转变经济发展方式，关键是深化产业结构战略性调整。习近平总书记还提出，要充分发挥消费的基础作用、投资的关键作用、出口的支撑作用，把拉动增长的消费、投资、出口这"三驾马车"掌控好。习近平总书记还十分重视城乡统筹发展。强调加快推进以人为核心的新型城镇化；还强调加快农业农村发展，深刻认识中国要强，农业必须强；中国要美，农村必须美；中国要富，农民必须富。习近平总书记还强调，要按照促进生产空间集约高效、生活空间宜居适度、生态空间山清水秀的总体要求，形成生产、生活、生态空间的合理结构。第三，要做好民生工作。人民生活状况弱化，会加剧社会矛盾，也会影响到经济发展。要按照"守住底线、突出重点、完善制度、引导舆论"的思路做好民生工作。解决民生中的突出问题，既可以扩大社会消费，同时也能增加政府的公信力和凝聚力。要加强城乡社会保障体系建设，要继续加强保障性住房建设和管理，加快棚户区改造。在加强政府财政补贴的同时，也要积极帮扶广大人民群众勤劳致富。习近平总书记提出，要让人民过上更好生活，"人民对美好生活的向往，就是我们的奋斗目标""我们的人民热爱生活，期盼有更好的教育、更稳定的工作、更满意的收入、更可靠的社会保障、更高水平的医疗卫生服务、更舒适的居住条件、更优美的环境，期盼孩子们能成长得更好、工作得更好、生活得更好"。

破解发展困境，厚植发展优势[*]

——进一步提高我国经济潜在增长力

　　2016 年 12 月中央经济工作会议指出，要在国内外经济形势多变的情况下，以五大发展理念为指引，继续保持经济中高速增长，进一步注重防范经济风险，在提高发展平衡性、包容性、可持续性的基础上，保证到 2020 年全面建成小康社会，产业迈向中高端水平。这就要求我们在面临国外欧美经济政策调整和国内产业转型升级的新形势下，必须积极破解发展难题，厚植发展优势，提高我国经济潜在增长力。

一、制约我国经济发展的瓶颈因素分析

　　世界各国经济发展规律表明，在经历较长时间高速增长后，经济增长速度一般会呈现阶梯式下降的特征。我国经济在经历 30 多年高速增长以后，同样也必然会转向中高速增长。当前，影响我国经济发展的主要瓶颈因素表现在：

　　一是劳动力供给逐步减少。 当前我国人口老龄化社会正在到来，局部地区出现了"民工荒""招工难"等现象。据预测，自 2011 年以来，我国适龄劳动人口规模呈下降趋势，"十三五"期间年均降幅为 0.3%左右。我国劳动年龄人口于 2016 年达到峰值，2016—2020 年就业年均增速将比前期下降 0.9 个百分点。城镇化所释放出来的农村富余劳动力，不能弥补劳动力人数下降对经济增长造成的负面影响，支撑经济高速增长的人口红利不断减弱甚至最终消失。

　　二是储蓄率不断下降。 据研究，人口年龄结构与储蓄率关系密切，人口抚

---

[*] 本文发表于中国社会科学网 2017 年 2 月 14 日。

养比每上升 1 个百分点，储蓄率将下降 0.8 个百分点。据测算，2016—2020 年，我国人口抚养比上升将导致储蓄率下降 2.8 个百分点。我国储蓄率在 2010 年达到 51.8%的峰值后，2013 年下降到 50.2%，到 2020 年预计降至 47%左右。可见，随着老龄化社会的到来，支撑我国经济增长的储蓄率将会逐年下降。

三是经济全球化红利持续衰减。2008 年国际金融危机以来，世界经济呈现出总量需求增长缓慢、经济结构深度调整的特征，使得我国的外部需求呈现常态性萎缩。2012 和 2013 年，全球 GDP 增速分别仅为 2.6%和 2.8%。美欧等经济强国相继提出"再工业化""2020 战略""重生战略"等措施，全球贸易保护主义纷纷抬头。目前，我国外贸依存度已高达 40%，继续上升的空间有限，发达国家又加紧实施内外经济平衡战略等，未来出口对我国经济增长拉动作用将逐渐递减。预计"十三五"时期，对外开放的溢出效应对我国经济增长的贡献将降至 0.6%左右。

四是资源环境约束力不断加大。我国经济发展的低成本时代已经过去，依靠土地成本、能源成本和环境成本等形成的所谓"投资成本洼地"效应正在逐渐消失。当前我国加强生态环境治理，需要占用大量劳动和资本，增加生产成本，也会影响经济增长。据预测，为实现 2020 年我国单位 GDP 二氧化碳排放比 2005 年下降 45%的目标，2015—2020 年我国 GDP 增速大约年均下降 0.5%。

五是全要素生产率短期难以大幅度提高。短时期内技术水平难有大的突破和提高，科技资源浪费严重，制造业竞争力不强、核心技术受制于人；我国农村可转移劳动力数量不断下降，劳动力再配置效应逐渐减弱，"十三五"时期由劳动力转移带来的对经济增长的贡献降至 0.7%左右；随着市场化改革难度加大，市场化制度对经济增长的拉动效应也在不断减弱。

二、厚植发展优势、提高经济潜在增长力的对策建议

根据 2016 年 12 月中央经济工作会议精神，结合当前经济形势以及学者们的判断，我们对破除发展瓶颈、提高经济潜在增长力，提出如下建议：

一要适度调整宏观调控目标预期。在潜在增长率下降后，应适度降低经济增长目标预期，运用新的增速标准来研判我国宏观经济发展状况，合理设定宏

观调控目标，防止过度刺激，据此国内外专家预测 2017 年我国经济增长率为
6.5%左右。同时，应以加快转变发展方式和培育新的产业增长点为抓手，努力
保持经济平稳健康发展。

二要加快形成创新驱动发展模式。要坚持创新驱动战略，提高科技对经济
增长的贡献率。通过创新驱动带动产业结构升级，加快发展技术密集型和知识
密集型产业；加大传统产业改造升级，逐步形成一批有国际竞争力的产业。还
应注重基础研究投入，推动政、产、学、研、用深度融合，加快科技创新体系
和人才体系建设；完善对创新主体的激励政策，推动自主创新产品的市场化和
产业化。

三要不断增强生产要素供给能力。改善民间资本投资环境，激发民间投资
活力；继续推动服务业营业税改增值税，适当地减免中小企业税收，减少行政
性收费；加快金融体制改革和社会服务体系建设；建立健全鼓励创业制度，形
成全民创业的良好氛围；要加快推动基础设施产业领域的改革，要理顺价格关
系，切实放宽行业准入。

四要着力提升人力资源水平。要优先发展教育，完善城乡免费义务教育制
度，完善贫困家庭学生资助体系。提高财政性教育经费支出规模，重点加强农
村基础教育和中等职业技术教育，优化人力资源水平。适当压缩高等教育规模，
扩大中等教育招生规模，培育更多符合我国国情的高级技工人才。

五要全面完善社会保障体系。全面完善农村最低生活保障制度，健全城市
居民最低生活保障制度，进一步完善社会救助制度，深化基本养老保险制度改
革，加快保障性住房制度建设。完善新型农村合作医疗制度，扩大城镇居民基
本医疗保险试点，加大城乡医疗救助支持力度，建立健全社区公共医疗卫生服
务体系。

六要不断深化重点经济领域改革。深化国有企业改革，优化资源配置；推
进资本市场发展，适时推进利率、汇率和要素价格改革；深化收入分配制度改
革，优化收入分配机制，缩小收入分配差距，提高居民消费能力；保障劳动者
工资合理增长，壮大中等收入群体；推动以农民工市民化为取向的户籍制度改
革，提高农民工融入城市水平；完善农村土地流转制度，加快新农村建设。

七、扩大更高层次对外开放，大力提升后发优势。积极适应国际投资贸易机制和规则中的新动向、新趋势，抓住机遇统筹国际国内发展，进一步释放开放红利，继续提高我国对外开放的溢出效应。一要继续扩大市场准入，更加重视服务业对外开放，鼓励建立服务外包产业园区，积极承接国际服务外包业务；加快建立出口加工区，有效推广复制自贸区的先进做法。二要加大对外直接投资力度。充分发挥我国外汇储备的巨大投资效应，加快实施"一带一路"建设，加大对"一带一路"沿线国家的直接投资力度。

发挥区位优势　促进制造业发展*

目前，中国参与全球化程度随着加入 WTO 而日益加深，而作为体现中国工业化程度重要标志的制造业，更是在全球共同关注下蓬勃发展起来。由于任何地区任何产业的发展都是该地区多种有利因素共同促进的结果，因此我们可以断定，中国制造业的迅猛发展也必然是中国独特的区位优势在全球化特定条件下的充分体现。

一、中国正在成为全球制造业的重要区位选择

中国正在成为全球制造业投资的热点地区。国家统计局资料表明，20 世纪 90 年代以来，制造业吸收外商直接投资的比重一般能保持在接近 50%（个别年份甚至超过了 50%）。中国已连续八年成为发展中国家中吸收外商直接投资最多的国家。制造业一般被认为属于第二产业，主要是指加工工业，它在国民经济各产业中占有举足轻重的地位。因此，近年来，随着中国本土制造业和外国在华制造业的迅猛发展，中国制造业基地的地位开始迅速提升，世界各国对中国作为制造业基地的不断提高的重要地位基本达成了共识。据报道，中国已经跃居为仅次于美国的世界第二位引资国，在制造业方面显示了强大的区位吸引力。

（一）跨国公司对华制造业的投资持续增加。近年来，世界各国的制造业跨国公司纷纷在中国设立生产基地，进行各种产品的生产。这些产品主要是劳动密集型产品，但是资本密集型和技术密集型产品的比重也在不断增加。中国加

---

* 本文发表于《工业技术经济》2003 年第 5 期。

入 WTO 之后，越来越多的跨国公司把中国作为其生产等方面的基地。联合国贸发会议的调查数据表明，目前世界 500 强公司中已有多家在中国投资了多个制造业项目。跨国公司在我国的饮料、日化、彩卷等行业投资并购形成寡头竞争格局之后，继而向电子产品、生物医药、新材料等高技术产业扩张。全球最主要的汽车、电信设备、石油化工等制造商，正将其生产网络扩展到中国。美国通用汽车、德国大众、日本丰田正投资于汽车工业；日本 NEC、芬兰诺基亚已投资于电子通讯业；德国拜耳、瑞士汽巴嘉基、法国罗纳普朗克则投资于化学工业；而可口可乐、百事可乐投资于碳酸饮料业。东芝在华的投资主要集中于家电、机电、能源等制造业领域。东芝驻中国总代表平田信正称，东芝已将入世后的中国作为其全球战略的重要部分，中国已经成为东芝唯一进行全方位、多领域投资的海外市场。

（二）在世界各国对华投资中，制造业比重不断增长。近年来，世界各国在对华投资总体上呈增长的趋势，而制造业投资的比重在世界各国对华总体投资中又有不断增长的势头。据统计，目前除了华人资本之外，美国、日本、韩国以及一些欧洲国家也对中国制造业进行了大量的直接投资。例如，日本对华制造业投资就在持续增加。20 世纪 90 年代以来，日本的制造业就开始向中国转移生产基地。在制造业领域的投资，重点集中在电机、纤维、食品、化学、机械、电子等劳动密集型产业上，其中尤以电机制造业为主。而韩国对华制造业投资也占很大比重。根据韩国统计，韩国对华投资的产业分布及韩国企业对华投资的显著特点是，以制造业居多，占投资总数的 82.47% 左右，居主导地位。而据澳大利亚澳中商会与墨尔本大学国际商务研究中心联合对澳大利亚对华投资进行的一项调查表明，澳大利亚对华投资项目大部分也集中在制造业，占38%。可见，制造业一直是外商进入最密集的产业部门。

（三）中国本土的制造业也在蓬勃发展，并且与外国制造业之间联系日益紧密，形成产业关联，产生产业集聚。一方面，随着外国对华制造业投资不断增加，中国本土自身的制造业也呈快速发展的趋势。长期以来，中国一贯重视制造业的发展，因此中国本土制造业具有雄厚的基础。目前，中国本土制造业正在抓住全球化的历史机遇，通过引进先进技术和改造现有技术，大力提升制造业的技术水平，中国本土制造业正呈现出前所未有的发展势头。另一方面，中外制造业之间联系日益紧密，通过合资、合作等多样化生产形式，形成了各种制造业联合体，日益凸显出中国作为全球制造业基地的地位。我们知道制造业主要包括原材料加工或零部件装配的工业部门，而在这些进行原材料加工或零部件装配的中外制造业之间，往往会在生产上形成上下游等产业关联，在产品和半成品采购上也会形成相互依赖的关系。由上所述，可见中国正在成为全球制造业的重要区位选择，换句话说，中国正在成为全球制造业基地。所谓全球制造业基地，主要表现为一个国家的制造业发展到成为世界市场上工业品的重要甚至主要的生产、供应基地，在市场份额中明显占优势，在市场结构中有相对重要的地位。目前，中国的许多制造业产品（我们这里所讲的中国制造业产品，主要是指工业产品，它分为两大类：一类是贴上中国品牌的产品；一类是由中国制造而贴着外国品牌的产品）正逐步占据世界各地的主要市场。可见，中国正日益凸显其作为全球制造业基地的重要地位。

二、中国成为全球制造业基地的区位优势分析

制造业在中国迅速发展起来，是很多有利因素共同作用的结果。这些诸多有利因素归结起来，共同形成了中国制造业的区位优势。近年来，外商对中国的制造业投资不断增加的根本原因就是由于相中了中国的区位优势。外商对中国制造业的投资实际上就是在将自己的资金优势、技术优势和管理优势与中国的产业基础优势、生产成本优势和国内市场优势等各种区位优势结合起来，建立全球制造业基地。可见，总体性的区位优势是中国成为全球制造业基地的根本原因。因此，有必要系统地对作为全球制造业基地的中国进行区位优势分析。

（一）中国具有巨大的制造业产品市场。目前，随着中国经济的持续高速增长，广大人民生活水平迅速不断的提高，中国不仅需要大批用于经济建设的资本品，而且需要大量用于人民生活的消费品。因此，随着消费品和资本品等各类市场持续不断的扩大，中国也在从世界上最具潜力的市场持续不断地向"现实市场"转化。因此，为抢占巨大的中国市场，外商必然会采取规避贸易壁垒的方式，直接进入中国举办各类制造业。同时，在加入 WTO 后，中国也将会被置于全球一体化的市场体系之下，要逐步按照国际市场准则来进行经济活动。

在越来越一体化的全球市场中，为了"贴近最大市场"，获得市场竞争的主动权和占据全球市场的制高点、跨国公司也必然会加大对华制造业的投资额，在中国建立更多的制造业基地，这样可以接近中国的市场，从而可以降低产品运输过程而产生的巨大成本。[①] 从投资战略来看，欧美国家对华制造业的投资，就是更多地看中中国巨大的国内潜在市场。例如，诺基亚公司正在逐步关闭其在欧美的几家企业，而将生产线转向中国，这一举措的最主要根据就是诺基亚公司在中国手机行业中的市场领先地位和中国拥有庞大的手机市场。可见，潜力巨大的中国市场是吸引外商在中国设厂投资的重要原因之一。

（二）在中国，制造业具有低廉的生产成本。由于各类制造业的生产都需要大量的劳动力、原材料和基本生产设备等，而中国在这些生产要素方面占有很大的优势，所以在制造业的各个部门——无论是为各个工业部门提供必需生产工具与手段的部门的装备制造业，如机械制造业；还是生产消费资料制造业，如家电制造业、纺织服装制造业等——生产成本都可以被充分降低。例如，根据格兰仕公司曾对变压器的加工成本做过比较，在日本每台 10 美元，在欧洲每台 30 多美元，而在中国加工成本是 4 美元。其一，中国有着大量廉价的劳动力是劳动密集型制造业发展所需要的重要条件。日本和韩国等国家对华制造业投资，更多地就是相中了中国丰富的资源和廉价劳动力，在中国寻找最低生产成本区位，再将产品向东道国、母国和第三国输入。例如日本为了降低生产成本，广泛利用了中国廉价丰富的劳动力资源，建立与国计民生密切相关的劳动密集型产业，如纤维、服务、食品加工、电子产品及元器件的粗加工或组装业，以满足本国和出口的需要。其二，制造业所需要的各类原材料，中国也很丰富。中国的钢材、纺织原料和化工原料等产量居世界前列，农副产品也非常丰富，这有利于加工型制造业的发展。其三，在制造业的生产设备方面，中国也很有优势。由于长期以来，中国一贯重视制造业的发展，中国制造业的基础雄厚，各类制造业的基本生产设施都非常齐全，虽然这些设施比较落后，但是经过技术改造，可以继续作为生产设备加以利用，因此可以节约大量生产成本，可见，中国具备了在此生产设备基础上迅速发展制造业的条件。

---

① 倪义芳，吴晓波：《世界制造业全球化的现状与趋势及我国的时策》，《中国软科学》，2001 年第 10 期。

（三）**中国还有良好的软硬环境，主要体现在政治环境、经济政策、文化传统以及基础设施和服务业等方面。**其一，中国具有良好的政治环境。联合国跨国公司中心曾指出：政治不稳定对跨国投资的阻碍作用要比优惠政策的吸引力大得多。[①]可见，稳定的政治环境是非常重要的。改革开放以来，中国的政治环境一直非常稳定，中国被认为是世界最适合投资的发展中国家之一，从而吸引了众多的跨国制造商前来投资。同时，也有利于本国制造业的大发展。其二，在制造业方面，中国对外资坚持优惠的经济政策。中国一贯坚持对外开放的基本国策，对外国的直接投资采取大力支持的态度，对外资企业在经济方面给予诸多优惠政策或平等国民待遇等。中国不但在宏观经济政策上对外资进行鼓励，而且还及时把外资政策落到实处：简化了对外资企业投资申请的行政审批程序；对外商投资企业实行税收优惠，特别是对产品出口企业、高新技术企业等采取了更加优惠的税收鼓励措施；通过法律形式对外资企业给予了保护，加入 WTO 后中国法律还会进一步与国际接轨。其三，中国五千年的儒家文明，成为推动制造业发展的精神动力。儒家文化塑造了良好的企业文化，特别是对于吸引同属于儒家文化圈中的东亚和东南亚地区的外资注入，以及对于中国制造业基地的形成，儒家文化的道德与文明传统起到了巨大的聚合作用。其四，中国在基础设施和服务业方面，也有很大的改善。一方面，中国在交通设施方面有了很大改善。近年来，中国的高速公路发展迅速，特别是沿海地区的高速公路非常发达，这很有利于制造业原材料和产品的运输。中国的铁路运输系统也有所改善，在中国西部地区又建设了大量的铁路，并且很多还不断在提速。良好的铁路运输系统是制造业运输的重要保障。中国的空运系统也发展很快，机场建设和航线开辟在不断增加。另一方面，中国电信行业也在飞速发展。遍布中国各地的因特网，使全球成了"地球村"，瞬间可以使信息传递到地球的任何角落。中国还迅速发展成为全球移动电话用户最多的国家。移动电话使全球客户随时随地都可以进行商务谈判。

（四）**制造业在中国形成了集聚优势。**一方面，中国的制造业分布呈现出集聚的特点。中国东部沿海地区的制造业如江浙一带密集分布着"轻型"加工制

---

① 钱纳里等：《工业化和经济增长的比较研究》，上海人民出版社 1995 年版，第 34 页。

造业，主要包括纺织业、服装加工业、食品加工业以及日常用品制造业等。而珠江三角洲、长江三角洲和环渤海经济圈，聚集着技术密集型和资本密集型制造业，主要包括电子通讯产品制造业、医药产品制造业和汽车制造业等。由于中国不同地区制造业的集聚各具特色，因此可以根据其制造业集聚的优势，在不同地区发展不同类型的制造业。另一方面，外商对华投资与中国制造业分布相一致，呈现出集聚特点，而且基本与中国制造业密集分布地区的特点基本相吻合。其原因主要是，由于这些地区人口和城镇稠密，工农业生产发达，劳动力素质较高，是中国经济的核心区所在，外商有利于获取集聚规模经济效益。比如，外商在华制造业投资也高度集中在中国长江三角洲和环渤海经济区和珠江三角洲等几个制造业比较集聚的地区。这说明，外商制造业投资倾向于选择在工业基础设施和工业配套程度较好的地区，以便获取集聚经济效益。据资料表明，从改革开放以来，欧美日对华制造业投资就高度集中在中国的东部和南部沿海等一些制造业比较集中的地区。可见，欧美日在华制造业投资的集聚地区与中国现有工业的集聚地区高度吻合。欧美日对华制造业的投资指向，目的在于享受产业的外部经济性、各种完善的基础设施和便利服务，最终获取集聚规模经济效益。

三、进一步发挥区位优势，建设有中国特色的全球制造业基地

目前，中国作为全球制造业基地的优势已经日益凸显出来。很多跨国公司在华设立了各类制造业生产基地；中国本土制造业也发展迅速。在今天的中国，制造业呈现了前所未有的繁荣景象。但是，我们也应该看到，还有许多发展中国家也在发展制造业，在以更为优惠的条件吸引外资，可见中国的制造业基地的地位，是面临很多挑战和竞争的。因此，中国要使自己建设成为全球制造业基地还必须进一步发挥自己的区位优势。

（一）要继续保持国内安定团结的政治局面、高速增长的经济势头。对外开放的基本国策，稳定的政治环境是许多外资选择在中国投资制造业的重要原因。正如国内学者鲁明私指出：实证研究表明，制度因素比经济因素或硬环境更重要；自由开放的经济体制和欢迎外资的政策是决定国际直接投资流入的重

要因素。同时，稳定的政治环境也有利于中国本土制造业的发展。持续高速增长的经济发展势头也是把中国建设成为全球制造业基地的重要保证。只有保持良好的宏观经济形势，全球制造业巨头才会有信心落户在中国。因此，在政治、经济上继续保持良好的发展态势，是建设制造业基地的有力保障。

（二）要继续加强制造业的软硬环境建设。其一，要进一步完善相应的政策法规。一方面，要继续完善已出台的政策法规及相关配套措施。还要根据外商在制造业投资的进展情况，适时制订或完善新的政策法规，例如，外资制造业上市等政策法规。目前，虽然中国已经加入WTO，但是在一段时期内仍会制订一些不违反WTO规则的优惠政策吸引外商投资，而且也不排除在更广的范围内按区域来设计这些优惠政策。另一方面，中国必须在有关政策法规上尽快与国际接轨。要大力推进国家政治体制改革，构建与国际接轨的政治法律环境。其二，要大力弘扬儒家文化。要使儒家文明对东亚经济圈的制造商形成吸引力。建设中国的"诚信"经济，要让儒家文化成为吸引外资的重要力量。其三，要继续加强基础设施和服务业建设。目前，虽然中国的基础设施和服务业有所改善，但是与西方发达国家相比仍然存在很大差距。一方面，总体上看，中国基础设施例如道路、通讯设施方面依然比较落后。中国要吸引更多的外商对制造业投资，就必须加强交通基础设施建设，大力推进城市化的进程。近年来，沿海地区的道路交通设施和通讯基础设施改善非常明显，但是中西部地区，道路设施和通信基础设施依然比较落后，需要进一步投资改善。另一方面，要加强产业配套服务建设。要下大力气进一步改善制造业的配套服务业。当前，在资本市场方面，要大力发展金融、保险等行业，以满足制造业融资和保险所需要的各项配套服务业务；在物流服务业方面，要加强物流基础设施和物流系统建设，从而能够为制造业后勤服务方面提供支持和保障。

（三）要充分开发人力资源，培养更多的高级技工。目前，中国制造业工人的技能普遍比较低下。在数以亿计的产业工人中，技术工人只有一半，其中初级工超过六成，中级工约占三成五，高级工仅有半成，与发达国家高级技工约占1/3的比重相比，中国工人总体技能水平比较落后。因此，为了提升中国制造业的总体技术水平，使中国早日实现从劳动密集型向技术密集型制造业基地的转变，就必须大力发展各种职业教育和职业培训，有计划地培训产业工人，提高工人技能素质。同时，特别要大力促进农村人力资源开发。中国的劳动力资源非常丰富，但是中国劳动力普遍存在技能低下的状况。所以大力培养和发展劳动力技能，成为中国进一步发展技术密集型制造业的重要前提。农村人口在中国人口中占较大比重，农村存在着大量潜在剩余劳动力，这些劳动力可以成为制造业发展的后备军，但是这些劳动力普遍缺少劳动技能，因此在中国快速建设制造业基地，需要及时地对这些农村劳动力进行劳动技能培训，提升其技术素质，使其能够胜任制造业发展的需要。

（四）要加快中西部开发，尽快形成集聚优势。中国要成为全球制造业基地必须加快对中西部地区的开发。目前，中国沿海地区的制造业技术水平较为先进，而且已经基本形成制造业集聚的特点。而在中西部地区，制造业技术水平普遍落后，而且分布也比较分散，因此需要尽快改变中西部地区制造业的现有面貌，提高当地产业的配套能力，否则将会影响中国作为全球制造业基地的整体发展水平。首先，要引进技术改造现有制造业的技术水平，有条件的企业还可以采取与外资企业合作、合资等方式来提升自己的技术水平。其次，要加强中西部地区制造业的整体发展规划，发挥集聚效应。例如，在矿产资源丰富的地区，可以集中发展矿产冶炼加工业；在能源（石油、天然气、煤等）丰富的地区，可以集中发展能源加工制造业等。总之，对中西部地区制造业的发展要因地制宜，合理发展制造业，加强各产业之间的相互协作与配套，逐步形成一些有利于发挥集聚规模效益的"经济圈"。在中西部地区，尤其要充分发挥武汉、重庆、西安、成都等特大城市的优势，使之成为外商在中国中西部地区对制造业进行投资的生产基地。

（五）要充分保证有中国特色的制造业产品优势。制造业要进一步与国际接轨，要进一步使中国制造业本土化与全球化相融合。其一，要进一步体现出中国产品的高质量标准，要按照国际统一的标准来严格要求中国本土制造业的产品，产品不但能具有中国的地方特色，而且能够充分满足国际市场的各项严格要求。要充分认识到产品的质量就是产品的生命。产品没有质量，整个企业就没有存在可能与存在意义。其二，要充分体现中国产品人性化的特点。要使中国制造业产品人文关怀的特点极力体现出来。人文性、艺术性和价值性是中国制造业产品一贯具有的普遍特征，这一特点充分体现了产品"以人为本"、为人服务，充分满足人的需要的特征，而且其中还蕴涵着深刻的中国文化特征。这样的产品必然能够满足消费者物质满足和精神享受的多方面需要。例如中国服装产品中旗袍和唐装就体现了这种有中国特色的人文性特征。其三，要进一步使制造业产品多元化。同种产品要尽量满足不同民族、不同宗教、不同文化和不同年龄人群的需要，因此产品多元化应是中国制造业应该坚持的发展方向。

（六）要注重发展专有技术，打造自己品牌。其一，要注重发展专有技术。目前，虽然中国制造业技术水平普遍落后，但是全球和区域经济一体化给中国带来了机遇。中国处于亚太经济区，区域内技术、经济密切合作促进了中国制造业的快速发展。美国、日本以及"亚洲四小龙"在中国大陆地区大量投资，给中国大陆地区引进较为先进或适用的制造业技术，提供了便利的条件。因此中国制造业应当抓住时机，要在引进先进技术的基础上，进行"二次创新"，获得自己专有的技术，否则将在技术上永远"受制于人"。其二，还要积极打造自己品牌。目前，虽然在中国有很多外商投资于制造业，但是他们仅仅是将中国当作廉价的生产制造基地，换句话说，就是在中国制造出来的产品仍然贴上外国企业的商标。这种做法是非常不利于中国制造业长远发展的，因为用外国的品牌无疑将会得到更多的剥削，而且一旦外商撤离，那么为之生产产品的中国制造企业由于没有自己的优势品牌而很可能会陷入困境。可见，要建设有中国特色的全球制造业基地，中国就必须要发展自己专有的制造业技术，打造自己的制造业品牌。

总之，制造业发展对于中国工业化发展是非常重要的，正如发展经济学家钱纳里所说：在经验和理论的基础上，我们可以断言制造业比重迅速增长实际上是结构转变的一般特点；最近，制造业比重在发达国家已经降低的事实不能视为反对早期工业化的理由。因此，中国必须抓住全球化机遇，积极发挥区位优势，吸引外资，大力发展制造业，建设有中国特色的全球制造业基地。

关于加快发展我国低碳经济的政策建议*

在全球气候变暖、自然灾害频发的背景下，发展低碳经济以限制排放温室气体已成为全球共识。低碳经济是以低能耗、低排放、低污染为基础的经济发展模式，是人类社会继原始文明、农业文明、工业文明之后的又一大进步。其实质是提高能源利用效率和创建清洁能源结构，核心是技术创新、制度创新和发展观的转变。发展低碳经济是一场涉及生产模式、生活方式、价值观念和国家权益的全球性的革命。当今低碳经济已成为世界发展的潮流，我国现有的经济发展模式面临来自国内外的严峻的挑战，必须转变发展方式，坚持走低碳化发展之路。

加速发展低碳经济，既是我国顺应世界发展潮流的需要，也是我国实现经济可持续发展的内在需要。根据中科院发布的《2009年中国可持续发展战略报告》，2020年，我国低碳经济的发展目标是：单位GDP能耗比2005年降低40%至60%，单位GDP的二氧化碳排放降低50%左右。报告预计，如果我国采取较为严格的节能减排技术和相应的政策措施，并且在有效的国际技术转让和资金支持下，我国的碳排放可争取在2030年到2040年达到顶点，之后进入稳定和下降期。要实现以上的战略目标，中国还面临巨大的压力，必须尽快解决面临的各种问题，加快制定各类有关促进低碳经济发展的政策。

一、我国发展低碳经济面临的问题

我国作为发展中国家，目前正处于快速工业化发展阶段，要实现上述目标，

---

* 本文成稿于2011年4月。本文通讯作者：梁洁，中国矿业大学（北京）文法学院讲师，博士。

仍面临诸多的瓶颈。主要问题如下：

1. 以煤为主的能源结构是中国走向低碳发展模式的长期制约因素。据调查，目前全国 85% 的二氧化碳、90% 的二氧化硫和 73% 的烟尘都是由燃煤排放的，大气污染中仅二氧化碳造成的经济损失就占 GDP 的 2.2%。虽然我国基本上已经形成以煤炭为主、多种能源互补的能源结构，但"富煤、少气、缺油"的资源条件，决定了我国一次能源生产和消费的 65% 左右仍然为煤炭，这种以煤为核心的能源结构在目前以及今后相当长的时间内很难改变。从长期来看，我国能源消费仍将会稳步上升；从短期来看，在扩内需过程中高能耗、高排放行业仍将保持一定的增长刚性，加上节能准入和落后产能退出机制均尚未完全建立，节能减排的工作任重道远。

2. 我国目前所处的发展阶段与发展低碳经济之间存在比较尖锐的矛盾。目前，我国处于快速工业化、城市化、现代化的发展阶段，重化工业发展比较迅速，水泥、钢材、电镀等高耗能行业的含碳量非常高，大规模基础设施建设在不断进行，对能源需求也处于快速增长阶段，这都给发展我国低碳经济带来了很大的压力。

3. 总体技术落后则是制约中国发展低碳经济的严重障碍。发展低碳经济是应对气候变化的重要途径之一，但要真正实现低碳经济还需要先进科学技术的支撑，比如甲烷的回收利用、HFC-23 焚烧、氧化亚氮的分解、二氧化碳收集贮存技术等，但我国目前在这些技术领域整体水平落后、技术研发水平还不够高。

4. 内部约束机制没有完全建立。突出表现在高能耗、高污染、低产出、低效益的粗放型发展模式，给我国带来了资源和环境的约束，已成为制约我国经济社会持续发展的瓶颈。我国目前还没有形成制约这种粗放型发展模式的内部约束机制。

5. 我国森林的碳汇潜力较低。由于受自然条件的影响，改进森林管理、提高单位面积生物产量，扩大造林面积等措施的成本很高。在过去的半个多世纪里，我国每年大量投入资金、劳动力造林，但森林覆盖率仅提高了 4%，而且这些造林地段的自然条件还是比较好的，荒漠化的地区植树种草成活率会更低。

6. 人们节能减排的意识淡薄，对于发展低碳经济表现为"事不关己高高挂起"的态度。国家党政机关能源浪费惊人，全国党政机关一年用电量相当于全国农村的用电总量；公务用车有增无减，每年开支约5000亿元。目前，存在三种错误观点：一种观点认为，因为受全球金融危机影响，企业投入动力在减少，节能减排企业压力很大，政府要保增长、保就业，还要进行产业结构调整，企业处于两难境地。第二种观点认为，中国总体技术水平落后，又处于发展阶段，高能耗、高污染在所难免，发展低碳经济应从国情出发，可以慢慢来，急不得。第三种观点认为，当前只要把保增长、促就业做好就行了，发展低碳经济是需要长期考虑的事情。由于存在这些认识的误区，严重阻碍了我国低碳经济的快速发展。

二、我国发展低碳经济的政策建议

对我国而言，加速发展低碳经济，是作为负责任大国的国际形象展示，也是在当前经济下行的背景下，实现可持续发展、转变经济发展方式的历史机遇所在。为此，我国应该抓住机遇，采取有效的政策措施应对挑战，积极发展低碳经济。

1. 鉴于全世界低碳经济转型尚没有可供借鉴的模式，我国应坚持走中国特色的低碳经济发展道路。政府应积极组织低碳经济发展的战略研究，统筹考虑我国工业化发展阶段和现实以煤为主的能源结构特点，把握世界低碳经济发展趋势，明确战略定位，选择适合中国国情的低经济发展道路。要积极发展可再生能源，发展碳收集和碳埋藏技术等，循序渐进，加快经济结构调整，开展经济发展碳排放强度评价，积极引导各级政府、企业、居民的消费方式和消费行为。

2. 要尽快出台支持低碳经济发展的相关优惠政策。鉴于我国低碳经济发展仍处于起步阶段，因此必须依靠政府管理和政策引导。当前，除了采用国际上通行的征收能源税、实行财政补贴、贷款优惠及担保手段以外，更重要的是要确立清晰稳定的政策框架，把低碳经济发展战略列入我国中长期发展规划，确定近期和长期的碳价格，为碳权交易建立起竞争性商业框架；建立合理的知识产权管理体制，拆除能源技术转让的贸易壁垒；制定支持低碳经济新技术的推广政策；公布政府支持研发的低碳经济新技术。

3. 要坚持自力更生和争取外援相结合的方针。坚持自主开发低碳技术和低碳产品，高度重视研发工作，重点着眼于中长期战略技术的储备；整合市场现有低碳技术，加以迅速推广和应用；理顺企业风险投、融资体制，鼓励企业开发低碳等先进技术。同时，加强国际交流与合作，促进发达国家对中国的技术转让，加强开发低碳先进技术人才的引进。

4. 要积极加强立法，促进低碳经济发展。首先，要加快低碳经济发展的立法工作，以与《再生能源法》和《节约能源法》相配套规范性的文件抓紧制定。其次，适时开展一些环境和资源领域法律的修改工作，如《环境保护法》《环境影响评价法》《大气污染防治法》《煤炭法》《电力法》，抓紧制定和修订节约用电管理办法、节约石油管理办法、建筑节能管理条例等，强化清洁能源、低碳能源开发和利用的鼓励政策。第三，加强法的实施。加强监督检查，完善准入制度，对需要淘汰的落后企业和技术坚决取缔，维护法律的权威。

5. 发动社会力量，推动全民参与。发展低碳经济要从概念层面转向有计划、可付诸实施的行为，并针对社会公众、企业和地方政府等不同群体，采用不同手段加以推动。对于社会公众，既要加强宣传教育，促使大家自愿自觉地采取低碳生活方式；又要积极影响和引导公众行为，倡导必须型、生态化的"绿色、精量"消费方式和生活方式，反对奢侈型、形式化的消费方式和过度物质化的生活方式。对于企业，通过制定明确的碳排放标准衡量体系和奖励机制，配套出台相关的优惠政策措施，引导和助推企业认清方向，集体行动自觉跟进，促进低碳经济发展。对于各级政府，首先要提高发展低碳经济认识，带头节约能源，深入开展节约能源活动，反对铺张浪费；公务用车改革要有利于低碳经济发展，多鼓励公务员乘公交和轨道交通；其次，要逐步推行区域碳排放额度逐年递减排量交易制度。

6. 抓紧开展低碳经济试点示范工作。目前，由中央政府主导的试点示范工作尚未进行。除上海、保定市在世界自然基金会资助下，已开展"低碳城市"

的试点。[1] 建议中央政府建设沿海低碳经济区，主要以沿海开发战略实施为基础，以新型产业发展为支撑，通过引进风能发电技术、潮汐发电技术和建设能源农场等方式，提高我国沿海经济开发区的清洁能源比例，建设我国沿海低碳经济区。试点工作要注意从城乡消费、产业结构调整和升级，发展低碳经济相配套的体制机制调整完善，法规、政策、行政管理、国民教育配套跟进等方面进行探索，并加强与国际社会在学术、资金、技术、项目合作等方面展开。在试点经验的基础上，在全国进行推广。

7. **充分发挥碳汇潜力。** 通过土地利用调整和林业措施将大气温室气体储于生物碳库。要加强和改进现有森林管理，防止滥砍滥伐，提高单位面积生物产量，扩大造林面积，提高植树成活率，增加森林的碳汇潜力。同时，要加强城市、农村绿化工作，更加重视湿地、耕地保护以及自然保护区建设，以增强林地的碳汇能力。

---

① 张宇：《探析我国发展低碳经济的路径》，《现代经济信息》，2010 年第 8 期。

市场经济与人的全面发展*

　　马克思在谈到人的发展问题时有过这样一段精彩的论述："人的依赖关系（起初完全是自然发生的），是最初的社会形态，在这种形态下，人的生产能力只是在狭窄的范围内和孤立的地点上发展着。以物的依赖性为基础的人的独立性，是第二大形态，在这种形态下，才形成普遍的社会物质变换，全面的关系，多方面的需求以及全面的能力体系。建立在个人全面发展和他们共同的社会生产能力成为他们的社会财富这一基础上的自由个性，是第三个阶段。第二个阶段为第三个阶段创造条件。因此，家长制的，古代的（以及封建的）状态随着商业、奢侈、货币、交换价值的发展而没落下去，现代社会则随着这些东西一道发展起来。"[①] 这也就是人们常说的关于人的发展的三阶段理论。

　　马克思关于人的发展的三阶段理论，说明了由于人们在实践中主体能力的不断提高、需要的不断发展和自由自觉的人类本性的日益强化，导致了人与自然、人与人的关系的螺旋式上升的发展历史进程。在这一进程中，"物的依赖"阶段是必经的一个历史阶段或环节。正是在这一阶段中，"在产生出个人同自己和别人的普遍异化的同时，也产生出个人关系和能力的普遍性和全面性"，[②] 并且也为人的自由个性的实现奠定了物质基础。因为，以商品、货币为中介的交往，不断打破血缘、地域限制，使个人的社会关系日益丰富；生产力的发展使物质生活资料能够不断满足人们生存、发展和享受的需要；人们的"自由时间"的不断增多和市场对人的职业不断变换的要求，所有这些，都为人的能力的全

<hr />

* 本文发表于《唯实》1999 年第 7 期。

① 《马克思恩格斯全集》第 46 卷（上），人民出版社 1979 年版，第 109 页。

② 《马克思恩格斯全集》第 46 卷（上），人民出版社 1979 年版，第 109 页。

面化和个性的发展创造了现实的条件。所以，我们认为，"物的联系"阶段的现实经济形式——市场经济，是人走向全面发展的现实环节。

"物的联系"也就是我们常说的商品、货币关系，它是商品社会中人与人的社会经济关系的实质。正如马克思所说"这种物是人们互相间的物化的关系，是物化的交换价值，而交换价值无非是人们互相间生产活动的关系"。这种"物的联系"是通过市场机制的作用逐步确立起来的。在商品社会中，一切都须经过交换才能实现其社会价值。劳动者以自己的劳动力，包括体力、智力同有产者的货币进行交换才能获取生存、享受和发展的资料，而有产者以自己的资本、货币同劳动者的劳动力进行交换才能不断实现对剩余价值的追求。同时，不同的有产者之间也只有通过商品、货币进行交换才能获取生产、生活资料。而这些联系的实现，需要遵循市场经济中的基本规律如价值规律，也需要遵循市场经济中的基本原则如等价交换原则、供求原则等。因此，表现为"把我同社会、把我同自然界和人们联结起来的纽带……是一切纽带的纽带"的商品、货币，形成和确立了"物的联系"。①

大工业的发现，工业活动的发展，是"物的联系"确立的前提。大工业是"物的联系"的深层依据。大工业作为一种与自然性的生产方式相对立的新生产方式，不仅生产出大量的作为一般交换物的商品，而且以其规模化、标准化的生产实现了社会化大生产在世界市场范围内的相互配置，从而消灭了各国以往自然形成的闭关自守的状态。可以想象，没有大工业的产生，就不可能有现代意义上的商品，也就不可能确立"物的联系"。因此，大工业是市场经济产生的基础，而"物的联系"又是在市场机制下产生的，所以，大工业是"物的联系"的深层依据。

"物的联系"也是历史的产物，是建立在以市场为中心的分工、交换发展基础上的交往关系。"这种物的联系比单个人之间没有联系要好，或者比只是以自然血缘关系和统治服从关系为基础的地方性联系要好"。因为在"人的依赖关系"阶段，个人没有人身和人格的独立，不得不从属于更大的集体。马克思认为，"人的依赖关系"使每个人通过某种联系——家庭的、部落的或者甚至是地区的

---

① 《马克思恩格斯全集》第42卷，人民出版社1979年版，第153页。

联系而结合在一起。这种以血缘、地域为媒介的，以人的依赖关系为特征的交往，使个人成为一种附属品和依赖性的存在物。当个人生活在以血缘、地域联系起来的群体即共同体中时，个人与群体的关系表现为群体是实体，而个人只不过是群体的附属物，或者是群体的天然组成部分。既然个人只是共同体的器官、肢体、部件，离开了这种共同体，个人就会失去其作为一个人而存在的一切名分。随着生产力的发展，人产生了分化，在血缘、地域的共同体之上，又加上了等级的共同体，这时个人之间的关系表现为人的限制，即个人受他人限制的规定性。在以血缘、地域和等级为媒介的交往中，"人们进行生产的一定条件是同他们的现实的局限状态和他们的片面存在相适应的"。

商品经济使人们的关系变成了商品、货币关系。这种关系不仅要消除人们的一切原始的平等、孤立状态和人身依附，而且要破除一切自然性的差别，甚至要消除一切政治的等级和社会特权。马克思曾把商品称为"天生的平等派"，他其实还肯定了商品是天生的自由派。这是因为，商品交换要遵循同一价值尺度，并因而使商品的所有者处于互为主客体的平等地位，又按照自觉自愿的原则进行交换，因此使商品所有者的权利和意志得到尊重和实现。所以，以商品为中介的"物的联系"使人们的能力和需要得到极大的发展和满足，同时更使人们得到前所未有的平等和自由。总之，"物的联系"否定纯粹的血缘亲情关系，赋予每个人"平等"发展自己的机会和权利。在这种条件下，每个人都可以利用自己所掌握的物来支配社会关系、社会生活条件。当然，这种联系毕竟又只是各个人的产物，是偶然的结果。所以，以"物的依赖性"为基础的交往代替"人的依赖关系"的交往，以物（商品、货币）为媒介的交往取代以血缘、地域和等级为纽带的交往，成为历史的必然趋势。而这种以商品、货币为媒介的交往关系的确立，事实上标志着建立在大工业基础上的市场经济本身的确立。市场经济本身就是"物的联系"的现实的经济形式，所以"物的联系"的确立过程也就是市场经济的形成过程，二者归根结底是统一的。

由于市场经济确立了"物的联系"，确立了以商品、货币为中介的交往方式，而以商品、货币为中介的"物的联系"比起受血缘、地域等限制的交往方式来说，毕竟是一次重大进步，因此，作为"物的联系"的现实经济形式的市场经济，作为现代文明，作为社会发展不可逾越的阶段，必然会比自然经济更能为人的全面发展创造充分的现实条件。让我们先来界定一下关于"人的全面发展"的含义。恩格斯指出："当十八世纪的农民和手工工场工人被吸引到大工业中以后，他们改变了自己的整个生活方式而完全成为另一种人。同样，用整个社会的力量来共同经营和由此而引起的生产新发展，也需要一种全新的人，并将创造出这种新人来。"这种全新的人不应仅仅被理解为人的智力和体力的发展，或者只是指"人的解放"，而应是一个具有多层次意义的体系。

"人的全面发展"的含义，具体可分为六层：（1）作为社会生活主体的人，应能够适应不同的社会需求，把不同的社会职能（职业）当作可以相互交替的生存方式来操作。（2）个人在交替变换的职业中，使自己先天的或后天的，体力的或智力的，真的、善的以及审美的能力，都能得到充分发挥，其中包括个人的一切潜力也得到充分发掘、保护和发挥。对此，马克思的看法是：财富正是个人的需要、才能、享用、生产力等等的普遍性，正是人本身的自然力的发挥和人的创造天赋的绝对发挥。在这里，人不是在某一种规定性上再生产自己，而是生产出他的全面性。（3）个人在发挥各种能力的同时，应当形成自由的个性，提倡个人的独创和自由，反对"物的联系"对个性的压抑。（4）随着人的职业活动的全面化，生活和生产能力的全面形成，以及自由个性的解放，个人之间全面社会关系的形成和发展将成为必然趋势。马克思曾指出，如果一个人的生活"包括了一个广阔范围的多样性活动和对世界的实际关系，因此是过着一个多方面的生活，这样一个人的思维也像他的生活的任何其他表现一样具有全面的性质"。（5）"人的全面发展"的要求对全社会均是适用的，也就是说，"全面"指的是人类社会中的每一个成员。（6）个人的发展应当与社会、群体和他人的发展和谐一致。马克思认为：个人的自由发展与社会或群体的发展互为前提。人的发展只有在个人和社会、群体以及他人的和谐中才能实现。

关于"人的全面发展"的六层含义，使我们能够更清楚地看到市场经济是如何为"人的全面发展"创造条件的，即"人的全面发展"只有通过市场经济才能实现的可能性和必然性。换句话说，市场经济是走向"人的全面发展"的现实的必经环节。

第一，市场经济使旧式分工被人们不断变换自己的职业、角色的状况所代替。从旧式分工中产生出来的市场经济的进一步发展，依靠价值规律的作用和优胜劣汰的机制，依靠它对新的科学技术的采用，使人的"职能和劳动过程的社会结合不断地随着生产的技术基础发生变革。这样，它也同样不断地使社会内部的分工发生革命"。"因此，大工业的本性决定了劳动的变换、职能的更动和工人的全面流动性"，即"大工业又通过它的灾难本身使下面这一点成为生死攸关的问题：承认劳动的变换，从而承认工人尽可能多方面的发展是社会生产的普遍规律，并且使各种关系适应于这个规律的正常实现。大工业还使下面这一点成为生死攸关的问题：用适应于不断变动的劳动需求而可以随意支配的人员，来代替那些适应于资本的不断变动的剥削需要而处于后备状态的、可供支配的、大量的贫困工人人口；用那种把不同社会职能当作互相交替的活动方式的全面发展的个人，来代替只是承担一种社会局部职能的局部个人"。可见，市场经济虽然一方面造成了人的片面发展，但是另一方面，市场经济的进化本身又克服着人的职能的片面化，实现着人的全面发展。总之，市场经济在使人片面化的同时更能使人全面发展，这一点已被当代新科学技术革命下的市场经济所证实。当代世界科技产业的图景是：市场经济是以高度发达的社会分工为前提的；同时，由于科学技术各学科的界限逐步模糊，职业者必须掌握的科学技术和劳动技能日趋全面化。另外，由于教育的日益产业化和大幅度发展，并逐渐向分散化和终身化转轨，受教育者所学知识和技能也越来越全面，为职业和职能的随时变换提供了条件。还有，由于智能机器的出现，人类把某些技术含量很高的工作交由机器完成，人作为简单劳动力的情况逐渐被改变，人们可以从事更全面的劳动工作。而且，新科技革命带来的生产力迅速发展和产业结构的迅速变化，同时也要求劳动者从社会生产的一部分转换到另一部分，要求和迫使人的发展趋向全面化。总之，在这种经济基础上，以高度分化的社会分工为前提的"人的全面发展"正逐步成为现实。

第二，市场经济为人的能力的全面发展和发挥，包括人的各种潜能的发现、培养和发挥提供了条件。市场经济作为优胜劣汰的资源配置方式，时刻迫使劳动者不断学习新知识、新技能，不断提高劳动生产率，借以在竞争中取胜。这就意味着，市场经济的本性要求人的发展向全面化方向前进。在市场竞争存在的时候，知识技能陈旧且不愿学习新事物者，必然是失败者，必然被淘汰。优胜劣汰的规律，迫使人们向高层次的能力水准发展。马克思在《资本论》手稿中说：在市场经济条件下，"如果抛掉狭隘的资产阶级形式，那么，财富岂不正是在普遍交换中造成的个人的需要、才能、享用、生产力等等的普遍性吗？"人的能力的全面化，不仅指个人作为劳动者的能力的全面化，而且包括个人作为生活的享受者和能动的主体的感情、审美、兴趣、艺术表达等能力的丰富化和全面化。由于市场经济对生产力的巨大推动，使物质生活资料的生产日渐发达，教育也越发进步，这些都使人的全面发展不仅表现在职业变换和生产能力的全面化上，而且还表现在人作为生活的享受者的能力的全面化上。这是与人的"自由时间"的增加相联系的。以大工业形式出现的市场经济创造了巨大的经济进步，人们的"自由时间"逐渐增加，给所有的人腾出了时间和创造了手段，以使个人在艺术、科学等方面得到发展。因此，人的各种潜能的全面发展、发挥和利用，也将随着市场经济的发展而逐步实现。

再次，市场经济使人的创造个性的形成和发展得以实现。根据马克思的说法，市场经济的特征之一，就是不断扩大市场作用的范围。"第一，要求扩大现有的消费量；第二，要求把现有的消费推广到更大的范围，以便造成新的需要；第三，要求生产出新的需要，发现和创造出新的使用价值。"这种情况，也适用于作为资源的人本身。"培养社会的人的一切属性，并且把他作为具有尽可能丰富的属性和联系的人，因而具有尽可能广泛需要的人生产出来——把他作为尽可能完整的和全面的社会产品生产出来"，这样，市场经济便"创造出一个普遍利用自然属性和人的属性的体系，创造出一个普遍有用的体系"。对于这个充分地全面发展人的各种属性即能力的体系，马克思明确地说，不能把它当作个性的消灭，而应看作是个性在社会生产过程的一定阶段上的必然表现。可见，在市场经济体系中，职业的不断变换和人的能力的全面化，以及竞争形成的优胜劣汰，必然要求人的创造精神的充分发挥，要求人人具有独特的创造个性，从而必然造成个性鲜明的人。至少，生产力大发展，以及由于与生产力相对应的生产关系的变动，都能使每个人的个性得到充分发挥和发展，即得到"优化配置"。

第四，市场经济使人形成了丰富的社会联系，从而为"人的全面发展"提供了社会关系的条件。市场的趋势是不断扩大流通范围，不断打破地区的、民族的乃至国家的界限，形成世界性的市场网络，使人们在经济上和其他一切方面，摆脱地区的、民族的乃至国家的限制，从而造成极为广泛发达的社会联系。对此，马克思说过："交往的普遍性，从而世界市场成了基础。这种基础是个人全面发展的可能性""交往的发展，交换活动量的增大，市场扩大，同时进行的劳动具有全面性"。[①]因此可以说，市场经济形成了人们社会关系的丰富和发达，这是自然经济条件下不可能达到的。正是由于这种高度发达的社会关系，为人的全面发展创造了条件。目前，在新科技革命条件下，由于当代电子通信技术（计算机和国际互联网）的中介作用而使整个地球变成了"地球村"，使人们的社会联系达到了一个新阶段。日益广泛而深刻的社会联系，将使"地球村"里的"世界公民"形成新的人格、新的行为准则、新的心理结构，即向"全面发展的人"又迈进了一大步。

第五，市场经济使每一个个人都有全面发展的机会。因为等价交换的规则，平等成为市场经济的一大特征。在市场经济条件下，个人的发展只要没有非市场的不平等的特权的干预，全体社会成员都能全面发展。当然，平等只能是相对的，不可能有绝对的平等。所以，人的全面发展，必然存在先后、快慢的差别，而且有些情况下，还会出现某些个人要作出牺牲以换取每个人全面发展的条件的情况。但是，只要市场规则真正起作用，市场机制对生产力积极推动而提供物质基础，那么必定会朝着每个人全面发展的方向前进。

第六，市场经济通过市场机制对社会资源进行优化配置，逐步形成个人与社会、群体及他人的和谐发展的局面。市场机制能使个人能力充分发挥，并不断地使个人的能力跃迁到新的层面；另外也使社会和群体因个人能力的发挥而得到进步，因而在客观上为社会、群体及他人的发展提供了条件。因此，可以说，市场机制在使人力资源得以优化配置的同时，也使社会、群体与个人共同进步、发展。这种和谐共进的局面的形成，从根本上看，在于个人是生产力的承担者。马克思说过："真正的财富就是所有个人的发达的生产力。"所以，"人的全面发展"，一方面是个人的能力的发挥和发展，另一方面又意味着社会生产力水平的提高。因此，只要市场机制起作用，个人的平等就能够得到保障，个人的全面发展也就必然与社会的发展和谐一致。

---

① 《马克思恩格斯全集》第 46 卷(下)，人民出版社 1979 年版，第 222 页。

　　总之，由于市场经济具有自主性，使每个人都能形成独立的人格，增强人的自由性和自主能力；由于市场经济具有平等性，使每个人的机会平等、权利平等，因而能使每个人的个性得以发展；由于市场经济具有开放性，使人在广泛的多层次的交往中形成丰富的社会关系，从而有利于人的全面发展；由于市场经济具有竞争性，从而有利于人的能力和潜力的发挥。因此，我们可以说，市场经济为人的全面发展创造了条件。

全球化的挑战

全球化时代马克思主义的主权观探析[*]

全球化的浪潮正在席卷世界各地。主权国家特别是发展中国家正面临全球化的挑战，如何处理全球化与国家主权成为摆在主权国家面前的一大难题。为此，许多学者试图以不同理论来研究全球化与国家主权的关系，但是真正能解决这一看似存在悖论关系问题的学者凤毛麟角。实践证明，只有以马克思主义为指导，以历史辩证法来研究全球化与国家主权的关系，才能给主权国家的发展指引正确的发展方向。

一、马克思主义的主权观念及其历史实践

主权作为一种观念是在让·博丹《国家六论》中首次出现的。此后，洛克、卢梭、黑格尔等思想家又将主权的观念加以引申，形成各种主权理论如"议会主权""人民主权"等。这里的"议会主权""人民主权"都是资产阶级反封建的需要，是为了维护资产阶级利益的。19世纪下半期至今，许多西方资产阶级学者又提出了"有限主权论""主权过时论"等观点，主张限制或否定国家主权。由于这时资本主义主权国家已经有了足够发展，进入帝国主义阶段，为了获取原料和销售市场，需要进行侵略扩张，而广大发展中国家却十分落后，国力薄弱，因此资产阶级学者为了利于资本主义国家的拓殖，提出了限制和否定主权的理论。从赞同国家主权到限制以致否认国家主权的转变，说明了资产阶级是以自己的阶级利益作为标准的。赞同主权是由于资产阶级反封建专政建立资产阶级国家的需要，主张限制或否定主权是便于资产阶级在世界范围内侵略扩张

* 本文发表于《理论探讨》2006年第1期。

的需要。可见，资产阶级国家主权理论的流变完全是以本阶级利益需要为标准的。因此我们说资产阶级的主权理论是非正义的。

马克思主义认为，应该从历史发展的角度来看待主权问题。马克思主义认为，主权具有两种根本属性：历史性和阶级性。马克思虽然没有明确解释过主权的含义，但是运用阿尔都塞的"症候阅读法"，我们可以透过马克思、恩格斯的著作发现主权作为一种历史性的和阶级的观念及意识是隐藏在其著作中的。首先，马克思主义认为主权具有历史性。主权的历史性表现为：主权是民族国家的根本属性，是随着民族国家的产生而产生，随着民族国家的灭亡而灭亡的。马克思在《共产党宣言》中提出了共产主义的历史运动过程就是民族国家消亡和共产主义实现的过程。可见，民族国家的历史性，决定了国家主权也必然是历史的产物。其次，马克思主义认为主权具有阶级性。因为"国家总的说来还只是以集中的形式反映了支配着生产的阶级的经济需要"，[①] 所以作为国家根本属性的主权必然也具有阶级性。在《法兰西内战》和《哥达纲领批判》等著作中，马克思也提出了以无产阶级专政取代资产阶级"议会主权"的思想，换句话说，也就是马克思提倡真正的人民主权的无产阶级革命实践。这种主权观是符合历史发展客观规律的，是代表最广大劳动人民根本利益的，是最具有革命性、科学性的，因而是正义的。

在马克思以后，列宁继承和发展了马克思主义的主权学说。列宁创造性地提出可以在帝国主义最薄弱的环节实现无产阶级革命，建立无产阶级政权的思想。而十月革命的胜利，建立的苏维埃政权即无产阶级的人民主权证明了列宁的想法是正确的。在马克思主义国家主权学说和十月革命的影响下，世界各地争取民族解放和建立主权国家的运动蓬勃开展。在中国，在本土化的马克思主义——毛泽东思想的指导下，中国人民通过艰苦卓绝的新民主主义革命和社会主义改造，建立了人民民主专政的社会主义国家。东欧各国也纷纷建立了无产阶级专政的人民主权的社会主义国家。此外，亚、非、拉的反帝、反殖的独立解放运动也在蓬勃开展。它们虽然没有都建立社会主义主权国家，但是毕竟建成了符合本国国情的独立自主的主权国家，根据马克思主义国家主权学说，这

---

① 《马克思恩格斯全集》第 21 卷，人民出版社 1979 年版，第 231 页。

也是历史的进步，是正义的。自从苏东剧变以后，社会主义运动遇到重大挫折，社会主义主权国家力量被削弱，与其他后发主权国家都同属于发展中国家。故此我们把当今世界看作为西方发达国家与发展中国家两大主权国家阵营对立并存的格局。

由主权观的演变及其历史实践，我们可以发现只有马克思主义主权观是具有科学性和革命性的。因此必须以马克思主义主权观为指导，研究和分析当代国家主权的新问题。而在全球化时代，阶级依然存在，民族国家依然是国际社会的基本政治单位，因此主权作为国家的根本属性也是不可忽略的。国家主权仍然是世界各国特别是发展中国家维护自身安全和发展的重要武器，但是要把握好主权正义的尺度并不是很容易的。

二、全球化时代主权正义的标准

在全球化进程中，国家主权的重要地位被凸现出来。但是，国家主权存在的内在目的是国家利益，它是主权国家政治行为的逻辑起点和最终归宿。如美国学者汉斯·摩根索所说，国家利益是国家对外行为的主要动机，他认为：只要世界在政治上还是由国家构成的，那么国际政治中实际上最后的语言就只能是国家利益。可见，国家利益是国家主权最终目的。但是，每个国家追求的国家利益有正义与非正义之分。马克思主义认为，主权正义的标准是：有利于维护主权国家的符合历史进步潮流的根本利益。据此标准，我们可以看到全球化时代，发达国家主权与跨国垄断资本勾结在一起，到处侵略扩张且气焰嚣张，并且美其名曰为了"全人类共同利益"，可见西方发达国家主权已经失去了其历史正义性；而作为国家利益根本保障的发展中国家的主权是具有历史进步性的，虽然其在运作过程中有时也许会出现某种失误，但其本质上是正义的。

一方面，马克思主义认为，全球化时代，发展中国家主权正义行为表现为：发展中国家合理地运用主权来发展自己。当前发展中国家面临的最大难题就是如何更快更高质量地发展。围绕这个中心问题，国家主权作出适当的妥协是正义的。发展中国家之所以积极参与西方发达国家和跨国垄断资本推行的全球化，其根本原因是可以获得更多的发展机会，虽然全球化会要求发展中国家要作出某些主权方面的让步。在经济上，发展中国家可以获得更先进技术和更多资金。在全球化进程中，跨国公司直接投资往往会给发展中国家带来先进技术和资金；国际金融市场上大量资金也以间接投资流入发展中国家，给其带来巨额发展基金。中国是通过对外开放、引进外资和技术而不断发展壮大的。在政治上，发展中国家可以更多借鉴西方发达国家的民主模式和政治体制。西方国家在政治体制上具有几百年的历史，其政治管理模式比较完善，很多公共管理经验都是值得发展中国家学习的。中国政府目前推行公务员制度就是在很大程度上借鉴了西方高效的文官制度。在文化上，发展中国家可以吸收外来的先进文化艺术。因特网、跨国公司、快餐式饮食和流行服饰为广大发展中国家带来了更多的文化信息和文化价值观念。可见，全球化虽为发展中国家带来很多发展机遇，但有时是需要发展中国家在主权上作出妥协的。因此，主权正义需要一个基本前提：发展中国家让渡国家主权要有利于国家根本的和长远的利益为标准。如果超出了这个限度，国家主权是非正义的。

另一方面，马克思主义认为，在全球化进程中，发展中国家如果不处理好开放程度，使主权让渡过度，也会使国家利益蒙受巨大损失。这就是主权行为呈现出的某种非正义倾向。其主要表现为发展中国家在全球化进程中，没有很好地把握好主权让渡的分寸，使国家利益遭受巨大损失。首先，在经济上由于主权的过度让渡使发展中国家遭受经济掠夺，如东南亚金融危机，完全是发展中国家不适当地实行金融自由化、对金融主权放弃过多，给国际投机基金造成有机可乘造成的后果。其次，在政治上由于主权的非正义性使发展中国家遭受西方国家和跨国垄断资本的操纵和控制。由于西方发达国家在给发展中国家援助和贷款时，往往有附加的政治条件，如所谓"人权"条款、"民主政治"等，迫使发展中国家过分地让渡政治主权，以致沦为西方发达国家的附庸。第三，在文化上发展中国家也遭受西方的奴役。西方"意识形态"的文化通过各种途径传入发展中国家，如通过国际互联网、进口商品和各种传媒等。使发展中国家民族特质文化完全被"西方中心主义"的意识形态文化同质化。这都与发展中国家的主权过分让渡有关，使发展中国家根本利益蒙受了巨大损失，表现出发展中国家的非正义性。

西方发达国家推行的全球化给发展中国家主权带来了"灾难"，企图使发展中国家永远处于"边缘"化的境遇之中，具体说来包括以下几个方面：首先，全球化企图消解发展中国家的政治主权，企图使发展中国家在政治上屈从、依附于西方发达国家。西方发达国家通过各种手段向发展中国家施加政治压力，干涉其内政外交，以达到控制的目的。其次，全球化危害了发展中国家的经济主权，使其在经济上越来越依赖于西方发达国家。经济全球化使得许多发展中国家感到手足无措，无计可施，在全球化的驱使下，只有盲目地开放国门，没有做好足够的防范措施，导致财富外流、失业率增高，经济危机加剧。第三，全球化严重侵蚀了许多国家特别是发展中国家的文化主权。全球化使发展中国家在文化上丧失了个性。发展中国家一般都具有悠久的历史和宝贵的文化，但在西方发达国家的全球化进攻下，有被抛弃的危险。面对全球化进程中日益强大的文化同化力量，如何保持个性，避免被文化霸权吞噬，已经是一个关系到民族国家生存的重大问题。西方发达国家通过各种途径进行文化渗透，使发展中国家的民族文化受到威胁。另一方面，全球化凸现了西方发达国家主权的非正义性，加速了西方发达主权国家灭亡的进程。主要表现为全球化欺骗了西方发达国家内部的人民群众，使其状况在不断地相对恶化。西方发达国家的工人阶级一直被排斥在控制国家主权的"主人"范围之外，而全球化只不过使工人阶级的这种境遇更加恶化了。换句话说，西方发达国家阶级矛盾更加尖锐了，跨国垄断资本"主权者"的地位进一步动摇了。首先，在经济上，西方"福利主权国家"制度受到全球化的严重冲击，因为资本能在全球自由流动，可以在发展中国家寻求最廉价的劳动力，从而实现其追求利润最大化的目的，因此，导致西方发达国家的工人失业率逐步升高的处境不断恶化，所以在西方发达国家中，几乎每个国家的工人税收负担都在增加，同时资本的税收负担则在锐减。美国这个"世界上生产率最高和最富有的国家变成了世界经济中最大的低工资国家"。"半数以上的居民在强制的竞争中陷入一场新的美国式的噩梦：处境不断下降，望不到尽头。"可见，西方发达国家经济和财富的增长只是使贫富分化更大，工人阶级处境虽然比以往有所改善，但实际上陷入了相对贫困的境地。其次，在政治上，西方发达国家的工人阶级同样处于恶劣状况之中。政治实际上成为有钱人的游戏，工人阶级实际上永远也没有选举权。正如爱德华·S.赫尔曼所言，"商界还发动强大的攻势通过夺取或限制政府为普通公民服务的能力,去支配政府……因此政党在选举中起决定性影响的是商界的金钱。"① 所以,政治也完全被资产阶级所控制。总之,发达主权国家推行的全球化是非正义的:其一具有同一性,有消解发展中民族国家主权的趋势;其二具有欺骗性,进一步恶化了工人阶级的处境。

三、全球化时代实现主权正义的途径及策略

对于全球化增加发达国家主权非正义的行为,首先应当通过发达国家内部工人运动和发展中国家的联合加以抵制。同时,在发达国家内部应鼓励各种进步思潮和运动,迫使跨国垄断资本对无产阶级的利益给以充分的重视。其次,对于全球化对发展中国家的危害,发展中国家应通过共同让渡一部分主权的形式,组成发展中国家的主权正义联盟的形式,以马克思主义思想为指导,维护发展中国家人民的共同利益,抵制发达国家的侵略扩张行径。通过这样的合作与斗争,必然使全球化的危害限制在最小范围内,以实现无产阶级掌握世界各国主权,成为全球化的"主导者"。

一方面,西方发达主权国家的工人阶级应警惕全球化,不要为资产阶级"议会主权"和"人民主权"虚假的阴谋所欺骗,要敢于为争取先进阶级利益而斗争,也要遏止资本主义主权国家和跨国垄断资本的全球扩张。在西方发达国家实现主权正义的唯一途径是:工人阶级通过斗争推翻资产阶级专政。在全球化时代,西方发达主权国家与跨国垄断资本勾结起来,对发展中主权国家进行侵略扩张,对本国的工人阶级进行剥削压迫。因此,对于发达国家主权的非正义行为,工人阶级应当联合起来,通过各种斗争,推翻主权者的非正义统治。正如马克思在《共产党宣言》中所说"工人没有祖国",工人阶级必须联合起来。因此,全球化进程中的资本主义主权国家本性注定了其必然要被社会主义国家人民主权所代替。美国学者莱斯特·瑟罗指出:当代世界资本主义的三大支柱——美国、日本、西欧,现在都有危及自身和世界政治与经济稳定的结构性弱点。尽管资本主义提供了前所未有的效益和技术,但由于只有贪得无厌而无

---

① 爱德华·S. 赫尔曼:《全球化的威胁》,《马克思主义与现实》1999 年第 5 期。

其他指导思想，这些优势可能会成为这种制度毁灭的根源。它在经济失衡日益严重的环境下运转着，而且往往也是日益严重的经济失衡的诱因。这种制度缺少的是一整套能够把公民凝聚起来的共同目标和价值观，结果是：我们慢慢地陷入一个新的黑暗时代。由于全球化所倡导的全球资本主义的内在固有的矛盾，所以它注定要灭亡的。因此，代表先进生产力的工人阶级要敢于拿起批判的武器——马克思主义国家主权正义学说，主动向代表落后生产力的、腐朽和虚假的观念体系——跨国垄断资本主义的全球化发起进攻，为早日推翻资产阶级专政、成为国家"主权者"而斗争。

另一方面，在全球化进程中，发展中国家要利用自己主权力量维护其人民的根本利益。在全球化时代，发展中国家必须对外开放，才能寻求发展的出路。在对外交往中，发展中国家虽然可以让渡部分主权，但是一定要把握好一个"度"，就是必须以不损坏本国人民根本利益为标准。因此，发展中国家实现主权正义的途径是：其一，要联合起来，抵制跨国垄断资本和西方发达主权国家的不义行为。由于西方发达主权国家与跨国垄断资本勾结在一起对广大发展中国家进行侵略，因此对付西方发达国家和垄断资本必须联合起来。其二，在全球化时代，对于有利于国家根本利益的行为，发展中国家主权可以适当妥协。但主要是国家的外围主权和主权衍生物，可以适当地让渡，而作为核心主权部分是不能退让的。发展中国家必须面对"全球化"的现实，但是绝不能被全球化所控制。现代马克思主义国家主权学说仍具有生命力，马克思对于资本主义的分析在全球化时代的今天仍然具有普遍意义，连资产阶级的学者海尔布隆纳都说：马克思主义这个从简单商品开始的对资本主义的分析，是我们所见过的最值得注意和最发人深思的敏锐思维之一；只要资本主义存在着，我就不相信我们能在任何时候宣布他关于资本主义内在本性的分析有任何错误。因此，资本主义全球化时代的今天，我们仍需坚持科学的马克思主义，坚信马克思主义的国家主权正义理想是可以实现的。治理全球化还必须坚持马克思主义国家主权学说的民族化、具体化和实践化。发展中主权国家的应对策略就是要使马克思主义国家主权学说与本民族国家的具体情况相结合，创造出符合本民族发展特色的"主权正义"的指导思想，给全体人民以共同的、坚定的信念，以此击破西方发达国家资产阶级主权企图统治剥削的阴谋，实现政治独立、经济繁荣、文化丰富、综合国力不断提高的目标。具体来说，包括以下几个方面：首先，要坚持马克思主义的、民族化的、科学的国家主权正义理论。马克思主义国家主权学说作为一种革命的、实践的意识形态和价值观念，是有其科学性的：它是历史规律的总结，是唯物辩证的思维方式。马克思主义国家主权学说民族化的意义在于它与各国的具体实践相结合，更具有针对性，有利于指导具体的革命实践活动。实践证明，有中国特色社会主义"一国两制"的邓小平主权观可能对世界上的社会主义事业和不发达国家的发展提供某种经验。不仅如此，"更重要的是向人类表明，社会主义是必由之路，社会主义优于资本主义"。其次，在政治上，要坚持和平共处五项基本原则，特别要强调独立自主原则。建立公正合理的国际政治经济新秩序，彼此尊重，互利合作是发展中国家实现主权正义的唯一选择。许多发展中主权国家是二战后才独立的，底子薄、比较落后是其特点，所以往往被西方发达国家所左右，在国际舞台上没有地位，不敢发出自己的声音，屈从于西方发达国家。邓小平指出："国家的主权、国家的安全要始终放在第一位，对这一点我们比过去更清楚了。发展中国家的出路在于独立自主，不要畏惧西方发达国家，要敢于和善于维护国家主权，坚持国家利益，保持自己的国格。"但是，对于有利于国家长远利益的、且需要主权暂时妥协或让渡一部分主权衍生物时，发展中国家还是需要辩证对待的，主权可以暂时退让。第三，在经济上，既要勇于参与经济全球化，又要善于保持经济主权的独立，而不是成为西方发达国家原材料的产地和商品的倾销地，要寻求民族经济振兴的捷径。正如江泽民同志在1998年8月28日在我国外交部第9次使节会议上所指出的："当前，在国际经济领域中，一个引起人们普遍关注的趋势，就是经济全球化。经济全球化作为世界经济发展的客观趋势，是不以人的意志为转移的，任何国家也回避不了。"所以，发展中国家参与经济全球化是必然的，因为经济实力是最根本的基础。但是，同时也要保持民族国家经济主权的独立自主，这样才能有利于民族经济的发展。第四，在文化主权方面，既要坚持文化主权，又要使民族文化与西方文化辩证统一起来。既要接受西方文化中的积极因素，例如竞争观念、公平思想与效率意识，也要坚决拒绝西方文化中的腐朽思想，如拜金主义、商品拜物教以及极端个人主义思潮等。对于西方文化价值观念，应坚持"拿来主义"，吸取精华，剔除糟粕。要谨防"西方中心主义"

的文化霸权观念。要坚持发扬优秀的民族文化和光荣传统，如自力更生、艰苦奋斗精神需要大力提倡。

总之，发展中国家要坚持国家主权的正义性，从根本上抵制全球化，就必须坚持马克思主义国家主权理论的民族化、本土化，也就是说要使马克思主义国家主权正义理论与发展中国家主权的具体实践相结合，这样才能使马克思主义主权正义理论充满生命力。中国的邓小平国家主权理论——"一国两制"就是典范，它是马克思主义国家主权理论与中国国家主权当代具体实践相结合的产物。它有效地指导了主权中国进行社会主义的伟大实践，使中国在风云变幻的世界中巍然屹立于东方，它能够使社会主义的中国抵制西方发达国家的全球化。我们讲抵制全球化，并不是不要参与全球化，而是要正确面对全球化，要树立主权正义的指导思想，不要堕入西方发达国家全球化的陷阱。

经济全球化中跨国公司对民族国家的挑战及其应对策略*

一、经济全球化中跨国公司的地位与作用

马克思在《共产党宣言》中曾作过这样的断言："资本主义，由于开拓了世界市场，使一切国家的生产和消费都成为世界性了……过去那种地方的和民族的自给自足和闭关自守状态，被各民族的各方面的相互往来和各方面的相互依赖所代替了。物质的生产是如此，精神的生产也是如此。各民族的精神产品成了公共财产。民族的片面性和局限性日益成为不可能。"[①] 在这段话中，马克思预言了以跨国公司为载体的经济全球化的到来及其与民族国家的关系。经济全球化是当代世界经济发展最根本的特征。按照国际货币基金组织专家的定义，"全球化是指跨国商品与服务交易及国际资本流动规模和形式的增加，以及技术的广泛迅速传播使世界各国经济的相互依赖性增强。"所以，随着各国的商品、服务、资本、技术和人员的流动高速度大容量地跨越国界，世界各国的相互依赖性加强了，呈现出一种相互融合的趋势。

跨国公司是经济全球化的主要载体，是经济全球化进程中的最活跃、最具影响力的因素和力量。它是在一个国家或地区设立总部，在两个或两个以上的国家或地区拥有或控制着生产和服务设施，从事国际化生产和经营活动的现代企业组织。它是与社会化大生产相适应的现代企业组织的高级形式。它的产生和发展是市场经济和企业制度长期发展和演进的产物。跨国公司经过长期的发

---

* 本文发表于《南京师范大学学报》2000 年第 5 期。

① 《马克思恩格斯选集》第 1 卷，人民出版社 1972 年版，第 254 页。

展演变，其机构已经十分健全，形成了一个个相互交织的、庞大的"金元帝国"。跨国公司的母公司通过计划、财务、人事等多种途径，有效地指挥和控制着庞大的分支机构的正常运作。跨国公司作为相对独立的全球行为体，具有双重属性，即民族性和国际性。跨国公司的民族性是指跨国公司是民族经济发展的产物，也是民族经济的支柱。跨国公司的多数股权属于母国，其最高管理者也是母国的公民。在多数情况下，跨国公司与母国的利益是基本一致的。公司可以为母国发展技术，汇回利润，推动母国出口等。跨国公司的扩展是母国经济对外扩张的主要形式及母国权力来源之一。同时，任何跨国公司都必须认同于特定的民族国家以便在必要的时候获得支持和寻求安全保护。因此，不属于任何国家的跨国公司是不存在的。因为跨国公司具有民族性，民族国家就能运用一定的手段（如属人管辖权）对本国的公司实行一定程度上的控制和管理。另外，民族国家也因此对本国公司的对外扩张和竞争予以支持，保护本国公司利益以及可以利用本国公司作为国家外交政策的工具。跨国公司的民族性在战争或紧急状态下表现得尤为明显。假如跨国公司丧失民族性，无论它有多大的经济实力，都可能成为国家凭借政治权力任意宰割的对象，在与东道国发生冲突时尤其如此。

跨国公司的国际性是指它们的规模、活动目标及影响力超出某一民族国家的范围，在世界范围内产生一定的效应。跨国公司作为一种生产方式的载体，是资本在全球进行资源配置的最优形式。资本运营的目的是为了获取利润最大化，因此，当它在一国范围内无法取得更大的利润，即当国内市场饱和或平均利润率趋于下降的时候，便把其发展的目标瞄准了国际市场。事实证明，资本的全球发展是符合其最初目标的。跨国公司的资本积累越来越多，规模越来越大，以至于目前形成了跨国公司的全球网络，而且这种网络有越来越紧密、复杂的趋势。随着跨国公司国际化程度的提高，跨国公司国外业务在整个公司业务中的比例也越来越大，部署在国外的生产工序也越来越多。许多世界著名的大公司的海外子公司的销售额都占公司总销售额的一半以上。今天，真正具有国际竞争力、居世界领导地位的跨国公司无一不是世界性的公司。另外，许多公司的生产也是分散在多个国家完成的。所以，跨国公司利润的实现越来越多地依赖于与多个东道国的合作与协调。由于利益的驱使，跨国公司可能形成对所在国的某种依赖感，而不仅仅局限于母国的利益。换言之，跨国公司业务和利益遍布全球，所以其目标和利益并不自动或必然与母国利益永远保持一致，而是常常凌驾于母国和东道国的目标和利益之上。跨国公司的国际性还表现在其股权的多国化上。由于不同国家的跨国公司相互持股，建立"联姻战略关系"，公司的"国籍"日益模糊化了。身处跨国公司中的是不同种族、民族的各国公民，由于自身的利益与跨国公司的共同利益紧紧地拴在一起，自然就会为跨国公司的发展而辛勤劳作。这样，所谓的跨国公司的"公民"就作为一种新现象出现在全球。

由于跨国公司经过一个多世纪的发展，在全球形成了无所不在的趋势，像人体中的神经网络，深深地埋藏于肉体中，并与它共在，所以跨国公司在目前已经成为经济全球化的重要载体。它跨越国界，以世界市场作为自己的活动舞台。它通过对外直接投资和技术转让等多种方式，在许多国家和地区建立众多的分支机构，形成了全球性的生产经营体系，在世界范围实现生产要素的优化组合。几乎所有资本、技术、文化、价值观念的传播，都需要跨国公司的中介，从一个国家或地区输送到另一个国家或地区。可以说跨国公司的桥梁和纽带的作用，是任何其他中介无法替代的。

在短短几十年的时间里，跨国公司在国际舞台上扮演着越来越重要的角色，对世界经济和国际政治产生着举足轻重的影响。"从根本上来看，经济全球化，是一场以发达国家为主导，跨国公司为主要动力的世界范围内的产业结构调整。"可见，跨国公司在经济全球化过程中的作用是十分巨大的。跨国公司的经济活动不仅改变着世界经济的宏观格局，推动了世界经济一体化进程，而且对行为主体的人及其工作环境的影响也日益凸现。正如美国国会税则委员会所指出的，跨国公司的发展"同蒸汽机、电力的应用、汽车的推广一样，是近代经济史上的一件十分重大的事件"。跨国公司高度集中于少数发达的资本主义国家，它们虽然所占比重并不大，但它们的规模庞大，实力雄厚，拥有先进技术和独特的管理技能，形成了遍及全球的生产和销售网络，建立起了超越国界的无形帝国。跨国公司规模之大，实力之强，用"富可敌国"来形容是再恰当不过了。

二、跨国公司对民族国家的挑战

跨国公司在经济全球化中的巨大作用引起了人们对跨国公司与民族国家相互关系的深切关注，也构成对民族国家的严峻挑战。对此问题，我们应该用辩证的观点来加以分析。

一方面，我们应当承认跨国公司在某种意义和某些层面上确实对民族国家构成了威胁，形成挑战之势。跨国公司是一种全球行为主体，它以实现全球资源配置的最优化、追逐利润的最大化为目的，在高新技术、发达的通讯和交通网络、日益增多的国际机构与协议以及地区性的超国家组织的帮助下，有摆脱民族国家控制的趋势，而且随着跨国公司的全球扩张，有逐渐取代民族国家而成为经济活动中心之势。对于跨国公司来说，首先考虑的是公司的利益和目标而不是母国的利益和目标，这正体现了跨国公司的国际性。而正是由于跨国公司的国际性，才决定了跨国公司的权力所在。假如跨国公司不具有国际性，那它就只能是民族国家的附属物和政策工具，它就不可能冲破民族国家的界限从而建立起世界性的政治经济框架，成为可以独立发挥作用的权力中心。所以，即使跨国公司的领导人具有民族感情和爱国主义精神，客观上也必须按照世界主义的观念和市场竞争的原则进行决策。如赖克所述："各地的国家卫士（巨型公司）正在发展成为不同任何一个国家有特别联系的全球网络。本国公司愈来愈多地在国外生产和采购，而外资企业也愈来愈多地在本国生产和采购，这两种全球网络不论其名义上的国籍如何，正在逐渐相互类似。"这正体现了跨国公司共有的国际性本质即追逐自身利益的最大化。

由于跨国公司的利益愈来愈和民族国家的利益不一致，所以导致了跨国公司"拒不效忠于任何民族国家，而是在全球范围内追求自己的利益和利润，它们既不代表其母国也不代表其东道国，而是仅仅代表公司自身的利益"。瑟罗对此有精辟的论述："全球性的工商企业和国家政府之间出现了实质性的分离，前者怀有世界眼光，后者则集中注意他们的选民的福利。"

跨国公司还通过多种手段，直接参与东道国和母国的国内政治过程，例如直接施加压力、培植代理人等以维护跨国公司的最大化利益。较大的跨国公司大都拥有"公司公民"的管理战略与"公司外交"的国际战略，它们主张对公司的忠诚优先于对国家的忠诚，企图使全球员工忘记国籍与种族，成为真正的世界公民。英国学者苏珊·斯特兰奇曾断言：最有经济权力的是一些建立了自己的权力层次和控制网络的公司或国家企业，通过这些层次和网络，它们作出主要是政治性而不是经济性的决策。由此可见，追求自身利益最大化的跨国公司已经对民族国家提出了挑战。

跨国公司的国际性对发达国家的威胁表现在：追逐最大化利益的跨国公司与致力于维护本国福利的西方发达民族国家之间产生了矛盾，即"失去祖国"的跨国公司不仅转移了西方发达资本主义国家的生产和劳动岗位，减少了政府的税收和社会福利国家建设的资金来源，加剧了社会福利国家危机，而且还进一步威胁到西方民主政治制度的生存。正如《全球化陷阱》一书所述："根据这个原则，民族国家和它们的政府简直可以被任意敲诈勒索。在有组织的金融工业压力下，它们几乎要在世界范围内遵循由德累斯顿银行的扎拉青和他的同事在1996年重新规定的道路：降低财产税和资本投资税，对一切金融服务部门放松控制，节省对于国家服务部门和社会福利任务的开支。" 跨国公司的国际性也对发展中国家的政治、经济和文化带来了很大的威胁。在政治上，跨国公司为了维护集团利益，通过各种手段向发展中国家即东道国施加压力，使其实行更优惠的政策，以有利于跨国公司获取最大的利润。在经济上，发展中国家产业越来越被跨国公司控制。根据沃勒斯坦的"中心—边缘"理论，跨国公司一般在母国即发达国家（中心地带）发展垂直分工体系中的高层次产业，而在东道国即发展中国家（边缘地带）发展低层次产业，所以造成了发展中国家产业结构的单一性、从属性。

跨国公司对发展中国家的威胁，还表现在对发展中国家市场的占有越来越大，使发展中国家的民族产业受到极大的冲击。跨国公司在经济上造成的后果是造成发展中国家的财富大量外流，产业结构畸形，民族产业萎缩，南北差距扩大。在文化上，跨国公司通过企业文化、品牌广告以及产品的市场占有，对发展中国家进行意识形态的控制，使发展中国家的人民在无意识中被跨国公司的文化模式所操纵。消费文化成为跨国公司推销给发展中国家的精神食粮。正如英国学者汤林森在《文化帝国主义》一书中所说：进口的文化产品（如可乐与迪士尼）多少也"包括"了美国消费资本主义的种种价值观，它们隐然提供了诠释，告诉我们什么是好的生活。所以，流行音乐、西式快餐、西式服饰、洋房小楼与进口轿车成为发展中国家新生代所追求的目标，他们的价值理想与生活方式逐渐从属于跨国公司带来的西方文化即"西化"了。黑默林在《文化自主与全球传播现象》一书第一章中列举了几个例子，都说明跨国公司充当了文化侵略的工具。例一是：在一个墨西哥村庄，足球赛之前先有传统的跳舞仪式，但它的表演特征却是巨大的可口可乐瓶子。例二是：国际商业机器公司（IBM）的一个大型广告活动，向纳瓦爪（Navajo）印第安人保证，只要他们使用 IBM 以纳瓦爪字母制造而成的打字机，他们的文化认同也就能够有效地得到确保。这两个例子说明了发展中国家的民族文化正在被侵蚀，逐渐被跨国公司所带来的西方文化所控制。归根结底，跨国公司追逐利润最大化的国际性决定了它会对民族国家——无论是发达国家（母国），还是发展中国家（东道国）——形成挑战之势。

跨国公司既然已经对民族国家构成威胁，那么，跨国公司的出现是否意味着对于传统的民族国家的消解呢?国内外的许多学者都试图解释这个现象,看法不一。笔者认为，跨国公司的发展与演变不会代替民族国家的存在。所谓民族国家就是建立在强烈的民族主义感情基础上的政治单位，是工业革命合乎逻辑的产物。民族国家的出现，是人类文明进步和发展的里程碑。它作为一种有效的政治权力运作形式，克服了以往分散的政治结构和松散的忠诚纽带的不足，在人类历史上把国家权力的合法性建立在公民对公共福利负有责任的思想基础上。"从世界史的角度看，民族国家的形成和发展是与市场经济紧密联系在一起的，市场经济的发展要求建立更大的政府单位，形成一个全国范围内统一的行政管理系统和统一的大市场，把原先松散地连接起来的地方经济网络转变成一个全国性的经济网络。"

具体看来，由于以下几点的不同，民族国家才具有了不可替代的作用。

第一，民族国家与跨国公司的性质不同。民族国家是阶级统治的工具，而跨国公司只是一种生产组织形式。民族国家是为直接实现统治阶级的利益而建立的。正如马克思在《路德维希·费尔巴哈和德国古典哲学的终结》一文中所述：国家总的说来，只是以集中的形式反映了支配着生产的阶级的阶级需要。民族国家归根结底是属于上层建筑，是用暴力机关维护起来的，具有很强的政治目的。跨国公司则不同，它是与社会化大生产相适应的现代企业组织的高级形式。它的产生和发展是市场经济和企业制度长期发展和演进的产物。

第二，民族国家与跨国公司的权力不同。"国家权力作为表面上的调停人而暂时得到了对于两个阶级的某种独立性。"其实质是说，国家权力掌握在统治阶级手中，由他们凭借着特殊的机构，来维护自己的统治。而跨国公司的权力仅限于经济决策权，而且要受到所在国的国内法限制，它只能在民族国家的法律政策允许的范围内活动。

第三，民族国家的功能与跨国公司不同。马克思主义认为，任何国家都有两种基本功能，一种是政治统治功能，一种是社会公共功能。如恩格斯所说："政治统治到处都是以执行某种社会职能为基础，而且政治统治只有在它执行了它的这种社会职能时才能继续下去。"而跨国公司只具有经济方面的功能，即为达到自身利润最大化的目标，在全球进行资源的最优化配置。

第四，民族国家的利益与跨国公司不同。民族国家的利益形式上表现为各阶级共享的普遍利益，它具有最大的普遍性和最广泛的代表性。正如马克思、恩格斯所说："正是由于私人利益和公共利益之间的这种矛盾，公共利益才以国家的姿态而采取一种和实际利益（不论是单个的还是共同的）脱离的独立形式，也就是说采取一种虚构的共同体的形式。然而这始终是在每一个家庭或部落集团中现有的骨肉联系、语言联系、较大规模的分工联系以及其他利害关系的现实基础上，特别是在我们以后将要证明的各阶级利益的基础上发生的。"所以，我们认为，民族国家利益实质就是统治阶级的利益与其支配的社会公共利益的一种混合。跨国公司的利益只是代表了企业组织的利益，其实质最多只是代表了统治阶级中的某些集团的利益，它没有民族国家利益那样广泛。

第五，民族国家的制度结构与跨国公司不同。民族国家的内部制度结构是复杂的，一般由立法机关、行政机关、司法机关、军队警察等组成。而跨国公司的制度结构不同于民族国家，它仅仅是一种企业制度模式，主要包括母子结构模式、国际部结构模式、全球性结构模式等基本形式。

由以上民族国家与跨国公司的五个不同方面，可以得出这样的结论：跨国公司是不能取代民族国家的地位的。取代民族国家的将是马克思所预言的共产主义的理想社会形态。所以，虽然跨国公司对民族国家造成一定威胁，但是无法从根本上动摇民族国家的地位。

另一方面，我们也应看到跨国公司给民族国家的发展带来了机遇，而且增强了民族国家的实力。这主要是由跨国公司的民族性决定的，因为它能为母国的发展起到巨大的促进作用；同时，它的国际性一面对于东道国的经济发展也起到了积极的作用。由于跨国公司超越了民族国家的界限，在全球进行资源的优化配置，促进生产要素的高速流动，推动技术进步、制度创新，所以，它加强了各民族国家的交流与互补，有益于提高经济效益，从而在总体上促进了世界经济的发展和各国福利的改善。因此，"不仅在发达国家，连新兴工业化国家和后发展国家都日益卷入到营建庞大跨国公司的积极行动中，推行所谓'大企业战略'。他们把跨国公司视为'国家的经济卫士'，企图通过它的扩张来实现国家经济利益"。最典型的是"韩国模式"，大型支柱产业的跨国公司在政府的支持下得到了银行的大量贷款，通过在海外进行大规模投资和扩张，带动了经济增长。因此，在某种意义上我们可以认为，跨国公司的母国和东道国在跨国公司的全球扩张中实力都得到了增强，实现了"双赢"。

三、民族国家对跨国公司的应对策略

从根本上讲，跨国公司与民族国家都是人类需要的满足形式，是阶级社会中的一种契约形式，是历史发展的必然，正如恩格斯说过，人类历史的发展是历史合力作用的结果。所以，无论民族国家还是跨国公司的出现，都是无法抗拒的历史发展规律的实现形式。因此，民族国家能否自觉地把握历史机遇，发展自身，关键在于如何处理它与跨国公司的关系。美国学者赖克在《国家的作用》一书中认为，民族国家对于处理与跨国公司的关系有三种选择：一是主张"此胜彼败"的狭隘的民族主义；二是主张不干预的世界主义，认为民族国家在全球化的经济中，应该减少对跨国公司的干预；三是主张"积极的经济民族主义"，主张对跨国公司更多扶持。赖克认为，前两种选择都是不现实的，第三种选择才是民族国家的正确战略，其基本观点是：民族国家的经济作用不是为挂该国国旗的公司增加赢利率，不是为它的公民扩大在全世界拥有的财富，而是通过提高公民为世界经济所作贡献的价值来提高他们的生活水平。赖克实际上主张要从根本上解决问题，即通过较高的公民素质和现代化的基础设施来吸引跨国公司的投资，从而使公民获得较高的报酬，国家获得更大的利益。如果民族国家只是靠较低的工资和税率来吸引全球资本，只能使国家和公民的利益处于不利的境地。我们认为，赖克的观点是能从根本上解决全球资本即跨国公司对于民族国家的挑战的，因为，民族国家利益的最终实现是需要通过提高民族国家自身实力为根本的，而公民素质和基础设施的状况是最能体现国家实力的，如西方发达国家就是通过这两方面的成就体现其强大的国力的。因此，加强国民素质教育和国家基础设施建设是民族国家特别是发展中国家立足世界民族之林的关键。民族国家在从根本上采取应战策略的同时，还应该正确地对待跨国公司的发展。一般说来，西方发达国家都是支持跨国公司发展的。因为，西方发达国家的跨国公司大都羽翼丰满，它们不但能为母国带来巨额利润，而且能把母国的意识形态、价值观念输送到东道国以达到控制的目的；同时母国的政权也往往为跨国公司所左右。正如马克斯·韦伯所说："全球经济共同体的扩展只不过是各民族之间相互斗争的另一种形式，这种形式并没有使各民族为捍卫自己的文化而斗争变得更容易，而恰恰使得这种斗争变得更困难，因为这种全球经济共同体在本民族内部唤起当前物质利益与民族未来的冲突，并使既得利益者与本民族的敌人联手而反对民族的未来。"[①] 所以，跨国公司的全球扩展的实质是西方发达的民族国家与发展中国家的利益斗争。在这场斗争中，西方国家往往能够获得更多的利益，因此西方发达国家是支持跨国公司的全球发展的。

　　但是，发展中国家由于一般都是跨国公司的东道国，所以往往处于两难的境地：一方面希望跨国公司能够带来本国发展必需的资金、先进的技术与管理；另一方面又担心本国的经济利益和民族文化受到损害。在这种情况下，发展中国家必须在采取"积极的经济民族主义"的同时，加强对外开放，闭关锁国只能导致更加贫穷落后。发展中国家在对跨国公司开放国门时，应注意以下几点：

　　第一，要注意完善有关的政策法规。发展中国家要通过使本国法律与国际通行的有关法律相协调和衔接，并通过其建立的控制体系对跨国公司进行有效的法律监督。使对外资的政策与国民待遇要求相衔接，为引进外资创造条件。

---

① 马克斯·韦伯：《民族国家与经济政策》，三联书店 1997 版，第 92 页。

政府部门还应当制定对跨国公司实行国民待遇原则的进度表，使对内外资企业的待遇逐步趋于一致。同时，要建立和健全包括反垄断法和反不正当竞争法实施办法在内的竞争法体系，使内外资企业处于公平竞争的水平上。还要加强劳动保护立法，确保跨国公司中本国员工的劳动卫生条件。根据《工会法》的要求，在跨国公司中实行工会制度，以维护员工的合法权益，也是十分必要的。

第二，要合理地引导跨国公司发展本国需要的产业。通过产业倾斜政策鼓励跨国公司投向有利于国民经济发展的部门，特别是新兴产业部门以及能改善国际收支、扩大出口的部门。限制跨国公司向国内已有一定发展基础、需要保护的行业投资。禁止跨国公司向有关国家安全以及支配国家经济命脉的部门投资。对于属于民族国家严格限制的服务贸易项目、污染严重且技术档次低的项目、重复引进的项目，都要逐步减少直至取消其享受的优惠待遇。反之对于在基础设施项目、能替代进口的原材料项目、高科技项目等投资的跨国公司应给予较优惠的政策。

第三，要注意学习跨国公司的技术与管理经验。发展中国家在技术与管理经验等很多方面和发达国家有很大差距。跨国公司在进行资本扩张的同时，也把先进的技术与管理经验带到发展中国家，这就需要发展中国家能够把握机遇、虚心学习，以提高自己的实力。从美、日两国在汽车行业互相学习与互相竞争中，我们可以得到启示。70年代，日本人引进了美国的机器人技术和质量管理方式并加以改进，到80年代中期就在汽车生产上赶上并超过了美国。美国的福特、克莱斯勒、通用三大汽车公司迫于日本企业的压力，学习并采用日本汽车研制的生产方式，借鉴日本企业的经验与独特的经营方式，注重改进技术，创新管理方法，到1993年，美国汽车生产增长出现超过日本的现象，1994年美国的汽车生产数量再次超过了日本。可见，勇于学习是民族国家迅速发展的捷径。

第四，对于民族国家的个性文化和与跨国公司生死与共的全球性商业文化都要辩证地对待。民族国家的个性文化，是一个民族国家区别于其他民族国家的标志，因此对于民族文化中有利于本民族国家发展的比如中国民族传统文化中的"孝""礼""义"等价值观念，要继承发扬，对于禁锢民族国家发展的文化价值观念例如中国封建传统的"三纲五常"要坚决剔除。对于跨国公司带来的文化价值观念，要坚持"拿来主义"，吸取精华，剔除糟粕。要谨防"西方中心主义"的文化霸权观念。对于有益于发展中国家的比如竞争观念与效率意识等要积极地接受，但对有害于发展中国家的比如享乐主义与拜金主义要坚决地拒绝。正如北京天则经济研究所第 132 次学术讨论会所提出的观点，民族国家"它在强调民族传统文化的差异性时，实际上对世界的普遍价值有一种高度的认同感，这种认同感也是敦促它不断地追求现代化的一种内在力量"。所以，发展中国家要立足于世界民族之林，在文化上必须坚持个性与共性辩证统一的原则。

论"全球化"意识形态的陷阱*

　　全球化的浪漫正在席卷世界。如何正确理解全球化的真实意义，成为摆在民族国家面前的难题。为此，许多学者试图从不同的角度来解释全球化，但是真正指出全球化本质的凤毛麟角。实践证明，只有以马克思主义指导，从意识形态角度来研究全球化，才能揭示全球化的全部秘密并给民族国家的发展指引正确的发展方向。

一、"全球化"意识形态的实质

　　在当今世界，随着通讯技术和交通运输等高科技的发展，资本可以更自由地在全球流动，整个地球越来越紧密地联系在一起，形成了"地球村"。同时，全球问题不断出现，如全球环境污染与可持续发展问题、全球人口增长与素质问题以及经济全球化与发展中国家问题等，都极需用一种超越民族国家界限的思维方式和价值观念来解决全人类面临的迫切需要解决的问题。罗马俱乐部的奥·佩奇提出全球性问题的解决要靠地球上的一切民族、国家的公民共同参与，而且"人类意识应该领先于阶级意识和民族意识"。[①] 在这种情况下，西方发达国家极力宣扬"全球化"意识形态，预言"民族国家时代已经过去"。事实并非如此。环境、资源、人口等问题之所以成为全球性问题，是因为它与各国的安全、发展和各人普遍的切身利益密切相关，决不是说已经出现了离开具体国家利益和人民利益的抽象的"人类利益"。所以，民族国家主权和利益不能放弃，

---

* 本文发表于《社会科学》2000年第10期。

① 奥·佩奇：《世界的未来》，中国对外翻译出版公司1985版，第124页。

要认清"全球化"意识形态的本质，确立科学的意识形态。西方发达国家鼓吹的"全球化"意识形态，即"全球思维"，表面上主张全球"共同繁荣""全人类的利益高于一切"，其实质是西方发达国家推行"霸权主义"的工具，是西方发达国家借以掩盖其侵略扩张政策的面纱，其目的是为了弱化发展中国家的主权，从而使其成为西方发达国家的附庸，并实现自己独霸全球的目的。西方发达国家为发展中国家提供的"全球化"意识形态实质上是一种特殊的"认知图式"，它主张民族国家应从抽象的全人类共同利益出发，来解决发展、环境等全球问题，其真实目的是要发展中国家放弃主权，成为西方的殖民地，它实际上是发展中国家的陷阱。如果发展中国家根据西方发达国家提供的全球化"认知图式"来处理问题，往往就会落入"全球化"意识形态的圈套——以为只要听从西方发达国家的指标，就会得到它们的无偿援助，从而更快地走上现代化的道路。所以，"全球化"意识形态，实质是西方发达国家的资产阶级利益的观念体现，是一种虚假的观念体系，正如列宁指出："或者是资产阶级的思想体系，或者是社会主义的思想体系。这里中间的东西是没有的，因为人类没有创造过任何'第三种'思想体系，而且在为阶级矛盾所分裂的社会中，任何时候也不可能有非阶级的或超阶级的思想体系。""全球化"意识形态是西方发达国家的资产阶级利益的观念体现，是一种虚假的观念体系。全球化"像它的一个对应概念'自由贸易'一样，全球化也是一种意识形态，它的作用是通过它那种看上去非常有益的和不可阻挡的优势来减少这个过程的阻力"。所以，发展中国家往往容易被"全球化"意识形态冠冕堂皇的话语所迷惑，认为只要按照西方发达国家的要求去做，就会实现发展目标。而事实并非如此，"全球化"意识形态事实上是发展中国家的"陷阱"。方法论意义上的"全球化"，指主体面对全球化不可逆的总体性现实，要将自身溶于全球之中；从全人类利益的角度来考察全球问题，这是一种全新的广阔视野。但事实上"全球化"意识形态并不是这样，它实际上成为西方发达国家资产阶级侵略扩张的遮羞布，它仅仅从西方发达国家利益出发，来处理全球问题，丧失了平等和公正等国际公约规定的基本原则。正如邓小平在谈到西方发达国家的"全球化"意识形态时所指出的："他们那一套人权、自由、民主，是维护霸权主义者、强权主义者利益的。"以美国为首的西方国家主导"全球化"意识形态，表现为干涉南联盟、制裁伊拉克、以人权为借口干涉中国内政等，其实质是"霸权主义"，为西方国家充当"国际宪兵"提供"理论依据"。"全球化"意识形态实质上与法西斯主义有相同之处，都主张侵略扩张，只是方式不同而已。前者以"全球环境、民主与人权"为借口，所以更加隐蔽，更具欺骗性。"全球思维"使人们想起日本帝国主义曾经在二战时期推行的所谓"大东亚共荣圈"政策，进行殖民侵略。同样，"全球化"的意识形态也是西方发达国家在后殖民时代向发展中国家灌输的一种生活和价值观念。也就是发展中国家实行"门户开放"政策，以便发达国家可以不费一枪一弹就将西方文化与商品源源不断地输送到发展中国家，同时又将大量财富运回本国。这就是西方发达国家灌输"全球化"意识形态的目的，即进行"和平"的侵略扩张，剥削发展中国家。美国前总统克林顿讲得很清楚："某些人把这种不断增加的国际互相依赖视为对我们国家和我们作为美国人的价值观的威胁。但事实几乎恰恰相反。在世界上影响不断加强的正是美国的价值观——自由、自决和市场经济。从国际贸易的迅速发展中获益最多的正是美国公司。当世界其他国家的生活水平提高之后，需求最多的正是美国工人制造的美国产品。"从克林顿的话语中，可以发现美国为首的西方发达国家的初始目的是为了维护和扩大其在全球的利益，而不是为实现全人类的利益。总之，"全球化"意识形态一方面是为了侵蚀和瓦解以传统民族国家为基础的"国际旧秩序"，另一方面又在强化一种以资本为中心的西方发达国家主导下的"世界新秩序"。

二、"全球化"意识形态的危害

"全球化"意识形态虽然在一些全球问题上如全球生态环境问题、全球经济发展等问题上起到一定积极作用，但我们认为"全球化不仅是不可避免的，而且已取得巨大的成就。这是谬论"。全球化事实上只是给富国和富人带来了利益，而对穷国和穷人来说则是一场灾难。正如美国学者爱德华·S.赫尔曼所说："因为全球化有助于工资，尤其是纯利润率增长时，社会上层5%的家庭能从降低生产率和利润中获取大量的好处，因此，精英人物的收入和股票市场的股值快速增长。对全球的大多数人来说，情况却并非如此。收入的差距在一个国家内部和国与国之间在明显地拉大。""世界上20%最富裕国家与最贫困国家的人均收入差距已经从 1960 年的 30∶1 增长到 1995 年的 82∶1, 并且第三世界在许多方面变得更糟。"① 在汉斯-彼得·马丁与哈拉尔特·舒曼合著的《全球化陷阱——对民主与福利的进攻》一书中也写到: 358 名亿万富翁所拥有的财富相当于总计 25 亿人, 即几乎世界一半居民的所有财产。可见, "全球化" 意识形态造成了世界范围内的贫富分化, 以及绝大多数居民人口的贫困化。"全球化"意识形态主要是从发达国家整体利益和资产阶级利益出发的, 实际上给发展中国家和发达国家的工人阶级带来了很大的危害。一方面, "全球化" 意识形态给发展中国家各方面带来了 "灾难", 使其永远只能处于 "边缘" 化的境遇之中, 具体说来包括以下几个方面:

（一）"全球化" 意识形态使许多国家特别是发展中国家在价值观念等意识形态上失去了正确的方向。许多国家在 "全球化" 意识形态的指引下, 实行完全 "西化", 取缔了原有的符合本国国情的意识形态。原因在于 "新全球经济的倡导者吹嘘资本有处治'有病的'政策的能力, 夸耀货币资本支配一切的事实。商界的这些努力, 受国际货币基金组织以及媒体支持的帮助和确认, 通常造成社会民主主义者退回到统治者可以接受的政策上"。因此, "全球化" 意识形态导致了社会动荡, 经济萧条, 各种社会矛盾日益尖锐。在 "全球化" 意识形态的进攻下, 许多社会主义国家放弃原有的价值观念和意识形态, 步入 "全球化" 陷阱, 苏联就是明证。

（二）"全球化" 意识形态使发展中国家在政治上屈从、依附于西方发达国家。西方发达国家通过各种手段向发展中国家施加政治压力, 干涉其内政外交, 以达到控制的目的。比如西方发达国家在与发展中国家进行经济交往时, 往往附带许多政治条件如对于所谓 "人权" "民主" 等方面的要求, 也就是利用其科技和资本优势达到奴役发展中国家的政治目的。

（三）"全球化" 意识形态使发展中国家在经济上越来越依赖于西方发达国家。经济全球化使得许多发展中国家感到手足无措, 无计可施, 在 "全球化" 意识形态驱使下, 只有盲目地开放国门, 没有做好足够的防范措施, 导致财富外流、失业率增高、经济危机加剧。《全球化陷阱》一书写道: "生产和资本越

---

① 爱德华·S.赫尔曼:《全球化的威胁》,《马克思主义与现实》, 1999 年第 5 期。

是可以无限制地自由支配，那些巨人般的组织就越是强大和不可战胜，这些组织使各国政府和选民都感到心惊肉跳和被夺去权利。这种组织就是跨国公司。"这些年来，从墨西哥的金融危机到东南亚金融危机正是西方发达国家利用"全球化"意识形态的工具如银行、保险公司、投资信托基金公司等跨国公司全球网络向发展中国家转嫁经济危机的表现。

（四）"全球化"意识形态使发展中国家在文化上丧失了个性。发展中国家一般都具有悠久的历史和宝贵的文化，但在西方发达国家的"全球化"意识形态进攻下，有被抛弃的危险。正如阿帕杜莱所述，"今天，全球互动的中心问题是文化同质化与文化异质化之间的紧张关系"。面对全球化进程中日益强大的文化同化力量，如何保持个性，避免被文化霸权吞噬，已经是一个关系到民族国家生存的重大问题。西方发达国家通过各种途径进行文化渗透，使发展中国家的民族文化受到威胁。"全球化"意识形态实质上是在着意推行西方文化霸权主义，在全球特别是在发展中国家普遍制造对西方文化的迷恋、敬仰、崇拜和彻头彻尾的奴性。

另一方面，"全球化"意识形态欺骗了西方发达国家内部的人民群众，使其状况在不断地相对恶化。发达国家内部的工人阶级容易被"全球化"意识形态所迷惑，以为自身经济、政治地位较以往有所改善——与发展中国家的人民相比——没有意识到自身的相对贫困状况。事实上，西方"福利国家"制度受到"全球化"意识形态的严重冲击，因为资本能在全球自由流动，可以在发展中国家寻求最廉价的劳动力，从而实现追求利润最大化的目的，因此导致西方发达国家的工人失业率逐步升高，处境不断恶化，所以在西方发达国家中几乎每个国家、工人的税收负担都在增加，同时资本的税收负担则在锐减。美国这个"世界上生产率最高和最富有国家变成了世界经济中最大的低工资国家"，"半数以上的居民在强制的竞争中陷入了一场新的美国式的噩梦：处境不断下降，望不到尽头"。根据世界银行1998年度世界发展报告提供的材料，处在收入"金字塔尖"的全球化的推进和倡导者美国微软公司董事长比尔·盖茨财产净值510亿美元，相当于乌克兰1997年5000万人口的国民生产总值（524亿美元），而盖茨等美国四大富翁的财产净值1530亿美元，相当于巴基斯坦和菲律宾两国1997年2.1亿人口的国民生产总值（1565亿美元）。可见，西方发达国家经济和财富的增长只是使贫富分化更大，工人阶级处境虽然比以往有所改善，但实际上陷入了相对贫困的境地。在政治上，西方发达国家的工人阶级同样处于恶劣状况之中。政治实际上成为有钱人的游戏，工人阶级实际上永远也没有选举权。正如爱德华·S.赫尔曼所言，"商界还发动强大的攻势通过夺取或限制政府为普通公民服务的能力，去支配政府。……因此政党在选举中起决定性影响的是商界的金钱。在美国，克林顿先生寻求和接受商界的巨额资金，并且几乎是专为他们的利益服务，而代表民主党的多数非商业选民只能做些象征性的努力，这令克林顿声名狼藉。"所以，政治也完全被资产阶级所控制。

总之，"全球化"意识形态一方面具有同一性，在消解发展中国家的趋势；另一方面又具有欺骗性，使发达国家的工人阶级丧失了革命斗志。归根结底，"全球化"意识形态实质是资本主义制度的产物，它必然要为资产阶级服务。

三、治理"全球化"意识形态的策略

由于全球资本主义固有的不可克服的矛盾，以及资产阶级的历史局限性，所以作为其维护者的"全球化"意识形态注定是要破灭的，取而代之的只能是马克思主义的科学意识形态。因此，全世界各民族国家的人民必须联合起来，共同戳穿"全球化"意识形态的欺骗性和阶级性，积极倡导正确的人生观和世界观。

西方发达国家的工人阶级应警惕"全球化"意识形态，不要为资产阶级的阴谋所欺骗，要敢于为争取先进阶级利益而斗争，也要遏止资产阶级全球扩张。"全球化"意识形态的资本主义本性注定了其必然要被更科学的意识形态所代替。正如美国学者莱斯特·瑟罗指出：当代世界资本主义的三大支柱——美国、日本、西欧，现在都有危及自身和世界政治与经济稳定的结构性弱点。[①] 尽管资本主义提供了前所未有的效益和技术，但由于只有贪得无厌而无其他指导思想，这些优势可能会成为这种制度的毁灭的根源。它在经济失衡日益严重的环境下运转着，而且往往也是日益严重的经济失衡的诱因。这种制度缺少的是一

---

① 莱斯特·瑟罗：《资本主义的未来》，纽约出版社1996年版，第310页。

整套能够把公民凝聚起来的共同目标和价值观，结果是：我们慢慢地陷入一个新的黑暗时代。由于"全球化"意识形态所倡导的全球资本主义的内在存在着固有的矛盾，所以它注定是要灭亡的。恰如美国金融家索罗斯所言："世界正处在一次严重的金融和政治危机的控制之下。如果听任这次危机不受抑制，它将导致全球资本主义体系的瓦解。……全球资本主义体系自身是这次危机的主要原因。更确切地说，这次危机的起源能在确定全球资本主义体系的本质的机制中找到：自由、竞争的资本市场使私人资本不断流向全球各地，以便寻求最大利润，寻求所推测的世界的投资和储蓄的最有效分配。"因此，代表先进生产力的工人阶级要敢于拿起批判的武器——马克思主义的科学意识形态，向代表落后生产力的、腐朽的和虚假的观念体系——资本主义的"全球化"意识形态进行深刻的批判。

发展中国家必须面对"全球化"的现实，但是绝不能被"全球化"意识形态所控制。现时代马克思主义仍具有生命力，马克思对于资本主义的分析在全球化时代的今天仍然具有普遍意义，连资产阶级的学者R.L.海尔布隆纳都说：马克思"这个从简单商品开始的对资本主义的分析，我认为是我们所见过的最值得注意和最发人深思的敏锐思维之一"，"只要资本主义存在着，我就不相信我们能在任何时候宣布他关于资本主义内在本性的分析有任何错误"。因此，资本主义全球化时代的今天，我们仍需坚持科学的马克思主义。治理"全球化"意识形态还必须坚持马克思主义的民族化、具体化和实践化。发展中国家的应对策略就是要使马克思主义与本民族国家的具体情况相结合，创造出符合本民族发展特色的指导思想，给全体人民以共同的和坚定的信念，以此击破西方发达国家资产阶级企图统治全球进行剥削的阴谋，实现政治独立、经济繁荣、文化丰富、综合国力不断提高的目标。具体说来，包括以下几个方面：

（一）要坚持马克思主义的、民族化的、科学的意识形态。马克思主义作为一种革命的、实践的意识形成，是有其科学性的：它是历史规律的总结，是唯物主义的思维方式。马克思主义民族化的意义在于它与各国的具体实践相结合，更具有针对性，有利于指导具体的革命实践活动。实践证明，中国化的马克思主义——邓小平理论，在西方发达国家的意识形态全球化的巨大压力下，指导中国特色的社会主义取得了举世瞩目的伟大成就，它"可能对世界上的社会主义事业和不发达国家的发展提供某种经验"。不仅如此，而且，"更重要的是向人类表明，社会主义是必由之路，社会主义优于资本主义"。

（二）在政治上，要坚持"和平共处"五项基本原则，特别要强调独立自主原则。建立公正合理的国际政治经济新秩序，彼此尊重，互利合作是发展中国家的唯一选择。许多发展中国家是二战后才独立的，底子薄、比较落后是其特点，所以往往被西方发达国家所左右，在国际舞台上没有地位，不敢发出自己的声音，屈从于西方发达国家。邓小平指出："国家的主权、国家的安全要始终放在第一位，对这一点我们比过去更清楚了。"发展中国家的出路在于独立自主，不要畏惧西方发达国家，要敢于和善于维护国家主权，坚持国家利益，保持自己的国格。

（三）在经济上，既要勇于参与经济全球化，又要善于保持民族经济的繁荣，寻求民族经济振兴的捷径。正如江泽民同志 1998 年 8 月 28 日在我国外交部第 9 次使节会议上所指出的，当前"在国际经济领域中，一个引起人们普遍关注的趋势，就是经济全球化。经济全球化作为世界经济发展的客观趋势，是不以人的意志为转移的，任何国家也回避不了"。所以，发展中国家参与经济全球化是必然的，因为经济实力是最根本的基础。但是，同时也要保持民族国家经济主权的独立自主，这样才能有利于民族经济的发展。恰如爱德华·S.赫尔曼所说："没有一个国家，过去或现在，在没有政府对弱小工业的大规模的保护和津贴以及采取避免外部强大力量支配的方法的情况下，能实现经济持续腾飞和从经济落后向现代化的转变。"

（四）在文化上，要使民族文化与西方文化辩证统一起来。既要接受西方文化中的积极因素，例如竞争观念、公平思想与效率意识，也要坚决拒绝西方文化中的腐朽思想，如拜金主义、商品拜物教以及极端个人主义思潮等。对于西方文化价值观念，应坚持鲁迅先生提出的"拿来主义"，吸取精华，剔除糟粕。要谨防"西方中心主义"的文化霸权观念，要坚持发扬优秀的民族文化和光荣传统，如自力更生、艰苦奋斗精神。

全球化语境中"人权高于主权"意识形态之批判*

　　全球化语境具有鲜明的时代性，全球化话语早已铺天盖地席卷世界各个角落。其从经济全球化话语扩展至政治全球化话语和文化全球化话语等，涉及的全球化话语层面在不断深化。经过深入分析，可以深刻体认到全球化语境的形成是有其深刻的现实原因的，那就是西方世界主导的、正在不断蔓延与深化的全球化的不争的现实。因此，许多批判性话语，事实上也早已内在设定了全球化语境的前提。

　　全球化明显具有后殖民性的严峻现实，就是全球化多重语境不断衍生的依据。"世界体系论""后殖民批评""依附论""新自由主义""现代性"和"世界历史"等全球化语境，就是全球化进程中不断冲突和反思的结果。正如海德格尔所指出的那样：语言是存在的场所。当然，马克思主义也认同意识是存在的反映。因此，可以认为全球化多重语境也是对全球化不同认识的反映。但在纷繁复杂的全球化语境中，作为科学地研究问题的视域只能是马克思主义的"世界历史"语境，而对"人权高于主权"意识形态的批判就是在这一语境中展开的。考察全球化语境中"人权高于主权"的意识形态化，就必须对意识形态进行初步了解。关于意识形态，社会学家希尔思界定为：是对人和社会，及与人和社会有关的宇宙的、认知的与道德的信念的通盘形态。马克思主义与他的看法不同。马克思主义认为，意识形态是一定阶级集团的基本观点、立场和思维方式，它是一定阶级利益的观念表现，是上层建筑的组成部分。二者都认为意识形态就是一种价值观念、思想方式和信仰体系。二者不同之处在于马克思主

* 本文发表于《实事求是》2002 年第 2 期。

义强调了意识形态的阶级性。我们认为马克思主义意识形态观更具科学性。所以，本文所讨论的"人权高于主权"的意识形态，在很大程度上强调的就是其阶级性。

对于"人权高于主权"意识形态的实质，我们还可以通过运用科学认识论的方法将其深刻把握。根据现代认识论原理，认识主体（它可以是个人，也可以是由人们组成的组织如国家、政府等）的认识活动必须在一定的"认知图式"中才能进行。①而西方发达国家为发展中国家提供的"人权高于主权"意识形态说法是一种特殊的"认知图式"，它主张民族国家应从抽象的人权出发，按照西方的安排模式制定所谓"现代化"发展计划和道路。其真实目的是要发展中国家放弃主权，成为西方的殖民地，它实际上是发展中国家的陷阱。发展中国家往往容易被"人权高于主权"意识形态冠冕堂皇的话语所迷惑，信以为真，认为只要按照西方发达国家的要求去做，就会实现发展目标。但是，实际上如果发展中国家根据西方发达国家提供的人权"认知图式"来处理问题，往往就会落入"人权高于主权"意识形态的圈套——以为只要听从西方发达国家的指示，就会得到他们的无偿援助，从而更快地走上现代化的道路。"人权高于主权"意识形态事实上是发展中国家的"陷阱"。"人权高于主权"意识形态提出的背景是：二战后，随着西方旧殖民主义终结，广大发展中国家逐步走上了国际政治舞台，他们强烈要求捍卫民族国家的主权和利益，反对西方发达国家和跨国垄断资本的剥削和奴役，对国际经济政治旧秩序形成了挑战，坚持主权原则和自决权原则，这样使美国等西方大国原有通过旧殖民主义获取的不义利益的方式受到威胁。因此，西方发达国家只有改变殖民主义的方式，通过新殖民主义方式来侵略和掠夺。而"人权高于主权"意识形态实质上就是新殖民主义的伎俩。如果说尊重和维护国家权益的主权原则是发展中国家争取民族平等权利的武器，那么西方发达国家鼓吹的"人权高于主权"意识形态，即"人权新思维"，表面上主张"人权普遍性""天赋人权"等，其实质是西方发达国家推行"霸权主义"的工具，是西方发达国家借以掩盖其侵略扩张政策的面纱，其目的是为了弱化发展中国家的主权，从而使其成为西方发达国家的附庸，并实现其独霸全球的目的。列宁认为，"或者是资产阶级的思想体系，或者是社会主义的思想

① 皮亚杰：《发生认识论原理》，商务印书馆1981年版，第35页。

体系。这里中间的东西是没有的，因为人类没有创造过任何'第三种'思想体系，而且在为阶级矛盾所分裂的社会中，任何时候也不可能有非阶级的或超阶级的思想体系"。"人权高于主权"意识形态是西方发达国家的资产阶级利益的观念体现，是一种虚假的观念体系。当代批判理论大师哈贝马斯就主张"人权高于主权"，认为要用以人权为基础的世界公民法代替过时的古典国际法，并将其制度化和程序化。其实质就是要为西方发达国家及其控制的国际组织可以合法地干涉发展中国家主权范围内的事务提供理论辩护。可见，西方国家理论界提出"人权高于主权""主权过时论"的实质，就是对发展中国家维护主权原则的反动。

全球化语境中的"人权高于主权"的意识形态具有很大的欺骗性。它以尊重人权为幌子，对发展中国家的人民进行迷惑。"人权高于主权"论是近几十年来在美国等西方国家发展起来的一种新理论，构成了西方人权理论的一个重要组成部分，成为西方推行霸权主义、侵犯别国主权的理论基础之一。"人权高于主权"论曲解了人权与主权的关系，贬低主权，限制主权，本质是为了否定发展中国家人民的生存权、发展权，把资产阶级的抽象的非科学的人权观作为干涉他国内政的借口，具有极大欺骗性。即使承认世界范围内的人权保护，也应在各主权国家对人权达成共识的基础上，在各民族国家相互承认主权地位的前提下，相互尊重和平等合作基础上，共同制定国际人权公约和共同承担国际人权义务，以建立充分保障各国人权的国际制度。一般认为，世界人权保护领域主要是包括司法合作、提供物质和技术援助等方面，而西方发达国家却故意把人权国际保护等同于制裁、干涉，甚至将其等同于对各国民族分裂主义颠覆行为的支持，也就是将"人权高于主权"意识形态化，从而把真正的国际人权保护变成控制和奴役发展中国家的手段。可见，"人权高于主权"意识形态在本质上是违背了联合国宪章和国际人权法基本精神的，是西方发达国家为了跨国垄断资本的根本利益、控制发展中国家主权、推行全球霸权而推行"新干涉主义"的新殖民政策的理论根据。

事实上，"人权高于主权"意识形态是西方发达国家资产阶级侵略扩张的遮羞布，它是西方发达国家所界说的虚假的观念体系，它仅仅从西方发达国家利益出发，来处理所谓的"人权高于主权"，丧失了平等性和公正性等国际公约规定的基本原则。正如邓小平同志所指出：西方发达国家"他们那一套人权、自由、民主，是维护恃强凌弱的强国、富国的利益，维护霸权主义者、强权主义者利益的"。美国为首的西方国家主导"人权高于主权"意识形态，在实践中表现为干涉南联盟、制裁伊拉克、以人权为借口干涉中国内政等，其实质就是"霸权主义"，为西方国家充当"国际宪兵"提供"理论依据"。

"人权高于主权"意识形态实质上与法西斯主义有相同之处，都主张侵略扩张的政策，只是方式不同而已。前者以"人权"为借口，所以更加隐蔽，更具欺骗性。"人权新思维"使我们想起日本帝国主义曾经在二战时期推行的所谓"大东亚共荣圈"政策，进行殖民侵略。同样，"人权高于主权"的意识形态也是西方发达国家在后殖民时代向发展中国家灌输的一种生活方式和价值观念。也就是要发展中国家实行"门户开放"政策，以便发达国家可以不费一枪一弹就将自己的文化与商品源源不断地输送到发展中国家，同时又可将攫取的大量财富运回本国。这就是西方发达国家灌输"人权高于主权"意识形态的目的，即进行"和平"的侵略扩张，堂而皇之地剥削和奴役发展中国家。由此可见"人权高于主权"意识形态的欺骗性。总之，"人权高于主权"意识形态实质上一方面是为了侵蚀和瓦解以传统民族国家为基础的"国际旧秩序"，另一方面又在强化一种以抽象的"人权、民主和自由"为中心的西方发达国家主导下的"世界新秩序"。在全球化进程中，发展中国家要从根本上抵制"人权高于主权"意识形态，就必须在历史辩证法的指导下确立正确的人权观和主权观。

首先，必须坚持马克思主义的科学的人权观。马克思主义人权观作为一种革命的、实践的意识形态，是有其科学性的，它是历史规律的总结，是唯物辩证的思维方式。坚持马克思主义人权观必须坚持其民族化、本土化，而不是使人权抽象化。马克思主义人权观的民族化、本土化的意义在于它与各国的具体实践相结合，更具有针对性，有利于指导具体的革命实践活动。也就是说，要使马克思主义人权观与发展中国家的具体实践相结合，这样才能使马克思主义人权观充满生命力——作为发展中国家的指导思想。中国的邓小平人权观理论就是典范，它是马克思主义人权观与中国当代具体实践相结合的产物。它有效地指导了中国社会主义的伟大实践，使社会主义主权国家——中华人民共和国在风云变幻的世界中巍然屹立于东方。邓小平根据他对人类社会历史的考察和对人类智慧的总结，指出："从一定意义上说，某种暂时复辟也是难以完全避免的规律性现象。一些国家出现严重曲折，社会主义好像被削弱了，但人民经受锻炼，从中吸取教训，将促使社会主义向着更加健康的方向发展。因此，不要惊慌失措，不要认为马克思主义就消失了，没用了，失败了。哪有这回事!"因此相信当代中国的马克思主义人权观——邓小平人权观理论能够使社会主义的中国抵制西方发达国家的"人权高于主权"意识形态。实践证明，中国化的马克思主义人权观——邓小平人权理论，在西方发达国家的意识形态化了的"人权高于主权"理论与实践的巨大压力下，指导有中国特色的社会主义取得了举世瞩目的伟大成就，它"可能对世界上的社会主义事业和不发达国家的发展提供某种经验"。不仅如此，而且，"更重要的是向人类表明，社会主义是必由之路，社会主义优于资本主义"。

我们讲抵制"人权高于主权"意识形态，并不是不要参与全球化，而是要正确面对全球化，要树立正确的指导思想，唯物辩证地对待主权与人权的关系，不要堕入西方发达国家的"人权高于主权"意识形态的陷阱。正如美国著名国际政治学家汉斯·摩根索说过："只要世界在政治上还是由国家构成的，那么国际政治中实际上最后的语言就只能是国家利益。"[①] 所以，发展中国家决不要被西方发达国家"人权高于主权"意识形态美其名曰的所谓"普遍人权""人权至上"的谎言所欺骗，西方发达国家归根结底是为了维护自身利益的。只有共产主义的伟大理想才能给全人类指引正确的方向。

其次，必须坚持马克思主义的主权观。马克思主义认为，全球化时代发展中国家必须坚持主权独立的自主原则。在处理对外关系时，要坚持"和平共处"五项基本原则，特别要强调民族国家间的主权平等原则。全球化时代，仍然有些比较落后的发展中国家，当西方发达国家以"人权高于主权"意识形态为由对其内政进行干涉时，不敢发出自己的声音，屈从于西方发达国家。这种现象表明了发展中国家主权独立自主性受到了侵扰。对此，邓小平指出："国家的主权、国家的安全要始终放在第一位，对这一点我们比过去更清楚了。" 可见，发展中国家的出路在于国家主权独立自主，不要畏惧西方发达国家，要敢于和善于维护国家主权，坚持国家利益，保持自己的国格。寻求建立公正合理的国际政治经济新秩序，彼此尊重，互利合作，是发展中国家的唯一选择。

---

① 汉斯·摩根索:《政治学的困境》，中国人民公安大学出版社1990版，第68页。

国际金融危机形势下积极促进
灵活就业的政策建议*

为应对国际金融危机，缓解巨大的就业压力，政府应采取有力措施，促进灵活就业健康发展，提高劳动力资源配置效率。

一、我国灵活就业的总体状况

关于灵活就业，目前还没有明确的界定。根据我国的实际情况，可以将灵活就业界定为：在正规部门中没有正式劳动关系的就业，以及在非正规部门中处于不稳定状态的就业。其主要特征是：在劳动时间、收入报酬、工作场地、社会保险、劳动关系等方面，不同于建立在工业化和现代企业制度基础上的、传统的主流就业方式。

1. 目前我国灵活就业的主要类型。主要包括如下几种类型：第一，大中型企业（正规部门）采用的灵活就业。目前中国大中型企业采用的灵活就业形式主要有临时工、季节工、劳务工、承包工、派遣工和小时工等。第二，通过"劳动组织"安置的就业。具体有四种形式，即自愿组织型、安置型、劳务派遣型和临时就业型。第三，政府出资雇用灵活就业人员。分为市政部门雇用、社区（街道）雇用和机关事业单位雇用三类。第四，自雇型就业。包括个体经营和合伙经营两种类型。第五，在小型企业和微型企业就业。这类企业绝大多数是私营企业，受雇人员多数是农民工，也包括少数城镇下岗职工。第六，独立

* 本文成稿于 2010 年 5 月。通讯作者：梁洁，简介同前。

服务型就业。通常指家庭小时工、街头临时摊贩、医院临时陪护以及其他零星就业者。

2. 灵活就业者的人员构成。灵活就业人员主要由以下五类人员构成：进入城市的农民工、城市国有企业的下岗失业人员、城市集体企业的下岗失业人员、其他失业人员和国有企业离岗人员。此外，还有部分退休人员、勤工俭学的大中专学生、从事第二职业的兼职人员以及部分临时性、阶段性就业的家庭妇女。关于我国灵活就业人员的数量和规模，理论界和实际部门尚无准确统一的数据。

从人群构成看，主要表现出以下特征：一是以自营就业和家庭就业为主。二是主要分布于第三产业。根据劳动和社会保障部的调查估算，灵活就业者中从事批发零售和餐饮业、交通运输仓储和邮电通信业、社会服务业的约占75%左右，从事制造业、建筑业的约占20%左右。三是文化程度和技能水平偏低。其主体是进城农民工、城市下岗职工、离退休人员、失业人员、企业富余职工等就业弱势群体。四是高校毕业生中从事灵活就业的比例呈逐年上升趋势。个体劳动为主的自由职业和自主创业是高校毕业生灵活就业的主要类型。

根据不同标准的测算，中国城镇灵活就业规模约在1.2亿—1.5亿之间。目前中国自愿选择灵活就业的比重还很小，绝大多数是由于在劳动力市场竞争处于不利地位，为了生存不得不接受灵活用工方式。从劳动和社会保障部门的调查情况来看，灵活就业者普遍面临劳动关系不固定、就业稳定性差、收入偏低、社会保障缺少等问题。

二、灵活就业中存在的问题

1. 国际金融危机对我国灵活就业带来了较大冲击，各类企业中的灵活就业岗位大量流失。从行业来看，受到国际金融危机影响比较大的是劳动密集型出口行业和金融、房地产、大宗能源、原材料行业。劳动密集型出口行业主要集中在东部沿海地区，雇佣的绝大多数是农民工，其中很大比重属于灵活就业。东部沿海地区出口导向型企业大量关闭，导致约15%以上、2000万农民工提早返乡或失业。金融、房地产、大宗能源、原材料行业大多是由少数国大企业垄断，受需求萎缩影响，为这些大企业做配套生产或服务的大量中小企业，则纷纷采取职工放长假、缩短工时等办法来减少灵活就业。

2. 政府有关部门重视不够，对独立服务型、社区雇佣型和临时型等灵活就业存在偏见。长期以来，由于对灵活就业的地位和意义认识不够，缺少相应的规定和政策扶持。同时社会上，把社区服务、保洁、维护交通、接送儿童等临时工、小时工当作是"打工"，不算就业。据人力资源和社会保障部的一项调查，在沈阳、青岛、长沙、成都四个城市中，有150万个家庭有社区服务方面的消费需求，各项服务累计可提供220万个临时就业机会，而目前还空缺110万个。但从城市调查反映的情况看，愿意从事社区服务业的人员仅占全部就业人口的15%。其原因主要是就业观念没有转变过来，人们普遍不把灵活就业当作一种重要的就业方式。

3. 自雇型、独立服务型就业等灵活就业面临不利的政策环境。长期以来，灵活就业的政策环境一直没有得到很好改善。一是获得资金（贷款）困难。据有关部门调查，由于缺乏针对小型企业和个人的信贷及担保制度，担保条件限制多、手续繁杂，90%的灵活就业者得不到小额贷款的资助。二是灵活就业者难以得到税收政策方面的照顾和优惠。目前普遍存在的一个问题是，开办小型、微型企业，从事小规模经营的手续繁杂、收费多而且高，因此开办和经营成本难以承受。三是缺乏经营场所。大中城市正规的经营场地租金太高，小型、微型企业和小规模经营难以承受；而那些简易经营场所因其影响市容和环境卫生方面的，招致取缔和禁止。四是缺乏专门和有效的服务系统。由于缺乏市场信息服务、咨询服务和创业培训等，使得供求双方得不到相关的信息服务，灵活就业人员的就业和经营状况难以得到改善。

4. 自雇型、独立服务型和在小型、微型企业就业的灵活就业人员的权益难以得到法律的有效保障。我国现行法律主要是针对全日制用工而制定的。对于自雇型、独立服务型和在小型、微型企业就业的灵活就业形式既没有专门的规定，相关法规政策不够系统全面，多数只针对特定的群体，如农民工、派遣工、小时工、下岗职工等；各地出台的相关法规具有较强的区域性，适用面不宽。法律的不健全使很多类型的灵活就业者权益常常得不到保障，工资报酬达不到法定的最低工资标准，拖欠、克扣工资情况严重，违法延长工时，劳动条件恶劣，卫生状况差，经常被随意解雇，等等。

5. 社会保障制度对自雇型、独立服务型和在小型、微型企业就业的灵活就业人员缺乏有效的支持。现行社会保障制度主要是针对正规就业方式设定的，缺乏对自雇型、独立服务型和在小型、微型企业就业的灵活就业人员的规定。一是参保门槛过高。灵活就业群体大部分属于低收入阶层，他们的收入在保证其个人和家庭的基本生活后已所剩不多，在参保问题上心有余而力不足。二是现行政策制度不利于激励灵活就业人员参保。缴费基数和缴费年限与养老金待遇的核发相脱节，因此直接影响灵活就业人员参加社会保险的心理预期。三是劳动保障部门对灵活就业人员就业的微型、小型企业缺乏必要的约束措施。雇佣灵活就业人员的微型、小型企业经常逃避为其员工交纳社会保险的义务，而劳动保障部门对此却缺乏相应的制约机制。

三、促进灵活就业的政策性建议

灵活就业在资金、技术、劳动力素质等方面的进入门槛低，相同投入带动的就业数量会比正规就业大，同时这种低成本就业也具有在经济不景气时期创造就业的优势。当前，应将促进灵活就业作为我国解决就业问题的重要途径，着力通过促进灵活就业来提升我国的整体就业率。

1. 化危为机，促进经济增长，在正规部门内积极创造更多的灵活就业渠道。一是确保 GDP 一定的增长速度。较高速度的经济增长，必然需要大量人力资源来支撑，从而在大中企业内创造出更多的就业增多，从而带动灵活就业类型。二是加大对重大项目的投资力度。大型投资项目的增多也为灵活就业创造更多的机会。重大公共基础设施例如农林水利、国土整治、生态环保等工程建设，能够带动相关配套项目和相关产业的发展，从而提供大量灵活就业岗位。三是采取积极的财政、税收和货币政策，支持劳动密集型的中小企业发展。轻工、纺织、建材等劳动密集型中小企业的发展，也会创造更多的灵活就业岗位。

2. 转变就业观念，提高对独立服务型、社区雇佣型和临时型等灵活就业的认识。引导人们树立正确的就业观，充分认识发展灵活就业的重要性，树立现代就业观念。要转变那种只有进入正规单位或机构工作才算就业、灵活就业低人一等的旧观念，将各种灵活就业形式作为重要的工作方式加以重视。要坚持正确的舆论导向，及时做好灵活就业的宣传工作，提高认识，增强信心，鼓励支持人们通过自身努力，实现灵活就业。

3. 加快产业结构调整，着力发展第三产业，大力促进各类灵活就业的发展。要以国际金融危机为契机，进行经济结构调整，着力发展第三产业。第三产业行业众多、领域宽，劳动密集型与技术密集型行业并存，可容纳不同层次的劳动力，是提供灵活就业岗位的主要渠道。要着力突破制约服务业发展的体制障碍，放宽服务业准入，在发展传统服务业的基础上，大力发展高新技术研发、生产服务、生活服务、救助服务等行业，引导和支持动漫、创意、租赁、家政和农业技术推广、农用生产资料连锁经营等服务业发展，充分利用新建产业开发区、工业园区、产业集群等的配套服务扩大灵活就业。同时，政府应当通过制定信贷扶持、税费减免、就业补贴、信息服务、咨询和技术培训等政策，积极扶持各种类型的灵活就业。

4. 最大限度拓展农村劳动力灵活就业的渠道。鉴于当前国内经济形势，要积极拓展农村劳动力就地、就近灵活就业的机会，支持返乡农民工采取自身创业和参加社会主义新农村建设等灵活就业形式。抓住当前国内经济调整的机遇期，加大农村基础设施建设，大力发展县域经济，积极支持农村中小企业发展，鼓励农民联合创办经济实体，加强农村劳动力转移就业服务信息网络建设，大力发展劳务经济，加强劳务协作，来为广大农民创造更多的灵活就业岗位。

5. 明确自雇型、独立服务型和在小型、微型企业就业等灵活就业类型的法律地位，完善相关法律法规。首先，要在法律上确认灵活就业的地位和作用，着手制定专门法律法规，在有关专门法律出台前，要尽快修改和调整现有法规中不适合灵活就业的部分。其次，应加紧完善涉及灵活就业的养老保险、失业保险、医疗保险等方面的法律法规。第三，对灵活就业领域容易滋生非法用工和非法就业的问题，必须建立和进一步严格执行准入制度及安全保障制度，严格规定各种灵活就业领域不能使用童工，不能雇佣非法就业者，所有灵活就业领域都必须具有必要的安全防护措施。

6. 进一步完善自雇型、独立服务型和在小型、微型企业就业的灵活就业人员社会保险政策。第一，专门制定适合灵活就业人员的社会保险办法。灵活就业人员的社会保险政策既要与现行制度相衔接，又要适应灵活就业人员的基本需要。第二，要完善技术支持手段，加快研制和设置社会保险关系信息库。要以建立地市一级社会保险关系信息库为基础，逐步实现地市间、省市间的联网与信息共享，为频繁变动就业单位的灵活就业者建立、接续社会保险关系提供快捷而准确的服务。第三，简化参保程序，提高管理水平。可以设立直接接待和受理灵活就业者个人参保的"社会保险服务窗口"，使灵活就业者参保更加方便。还可以成立专业的社会保险业务代办机构，为托管档案人员接续社会保险关系、代缴社会保险费。

7. 逐步完善灵活就业服务体系。首先，要健全灵活就业的服务机构。应自上而下地形成多级政府服务支持体系，专为灵活就业人员提供各类支撑性服务。不断提高基层对灵活就业的服务能力，发挥就业服务的示范、指导作用。第二，为求职者提供有效的就业岗位信息服务。要积极完善劳动力市场信息网，及时向社会发布灵活就业岗位的供求信息，推进市、区就业服务机构的信息计算机联网。第三，开展灵活就业培训服务。要突出培训内容的针对性、有效性和实用性，不仅要传授技术方面的知识，还要注重工作态度、合作精神、沟通技术和求职技巧等方面的培训。第四，开展灵活就业的中介服务。可以对灵活就业人员实行求职登记、职业介绍、工商登记、税务办理、社会保险关系接续等"一站式"就业服务，还可以为灵活就业人员提供就业项目、政策扶持等咨询服务。

8. 加强对灵活就业的失业预警，建立灵活就业的动态监测制度。对重点行业、重点企业的灵活就业岗位流失情况要实施动态监测，及时制定应对规模失业的工作预案，建立健全企业灵活就业岗位的信息报告制度。

国际金融危机背景下返乡农民工
思想状况调查分析[*]

在国际金融危机背景下，为了深入了解我国返乡农民工的思想状况，2009年上半年我们采取了问卷调查的形式，对江苏离城返乡的农民工进行了系列调查。据调查，江苏离乡进城务工的农民总数约663万人。2009年初，返乡人数达307.58万人。课题组选取了盐城、淮安、连云港、徐州、泰州、宿迁等地区作为取样单位，分发问卷1100份，回收问卷1013份，回收率92.9%。

一、返乡农民工的总体思想状况评价

2008年以来，国际金融危机对农民工冲击是多方面的，而对他们思想状况的影响尤为显著。根据抽样调查，返乡农民工多数能够保持乐观积极的心态。能从容面对金融风暴导致的失业返乡和对未来持乐观态度的返乡农民工占58.8%；而产生焦虑不安心理和对前途感到迷惘的占41.2%。多数返乡农民工认为虽然现在的就业形势比较差，但是相信国际金融危机总会过去，就业前景还是乐观的。另据调查，返乡农民工多数能够保持理智的心态，43.8%的返乡农民工有问题自己解决或求助于基层政府；近40%的人不主张随意聚众上访。但是由于返乡农民工处于失业待工状态，在一定程度上影响他们的心态，往往会出现暂时迷惘、失落、焦虑、苦恼和无奈的情绪，尤其青年农民工的烦躁情绪比较严重。据调查，有的返乡农民工整天用喝酒打牌的方式来释放情绪；有的

---

* 本文成稿于2010年7月。

农民工酝酿通过聚众上访的形式来发泄情绪；有的农民工甚至常常会与其他人发生过激冲突。如果返乡农民工长时间无所事事，聚集在一起，行事冲动，很容易引发群体性心理动荡。返乡农民工的这些苗头性心理、思想问题，值得我们高度关注。

农民工返乡思想动态是一个长期存在的问题，应给予长期跟踪和关注。从本次调查看，国际金融危机也不是影响农民工返乡的全部原因。把返乡原因直接归结为金融危机影响的占 40.6%；而把家庭、年龄、身体等因素归为返乡原因的占 25.5%；把所在行业发展不景气归为返乡原因的占 20.7%；把回乡创业归为返乡原因的占 13.5%；因各种原因个别不再续签或解除合同的占 5.0%。可见，除了国际金融危机以外，显然还有大量其他影响农民工就业的因素。

二、返乡农民工的思想状况变动分析

据调查，江苏返乡农民工的整体思想状态是积极向上的，但是受国际金融危机影响以及他们个人生活状况所迫，在思想上不同程度地还存在一些问题。主要表现为如下几个方面：

1. 就业预期和心理预期低，缺乏再就业信心。就业预期是影响返乡农民工思想波动的首要因素，尤其是在这次国际金融危机期间，农民工就业信心指数呈低迷状态。据调查，对于就业预期时间，认为"说不准"的占 61%，认为要 2 周至 1 个月的占 18.8%，认为 1 至 3 个月的占 8.7%，认为要 3 个月以上的占 7.2%。总体反映出一种比较迷惘的心态。调查反映，返乡农民工对工资预期也缺乏信心。有将近 30%的人愿意在城市最低工资、甚至低于城市最低工资条件下承担某种职业。

2. 返城情结重，期盼回城就业。绝大多数返乡农民工仍保留着返城情结，希望能够早日回城就业。据调查，属自愿返乡或返乡创业的农民工不足 15%，多年的城市工作和生活，使他们感到回乡就业和生活"不习惯"，尤其是返乡的年轻农民工对城市生活充满向往。据调查，70.1%的人认为城里人收入高，生活好；孩子在城市能接受更好的教育；城里人精神生活丰富多彩；农民的社会地位低，生活不便利，信息不够畅通，娱乐方式少；等等。这些认知说明，很多返乡农民工的现代城市文明意识在不断提高，但另一方面也说明他们还没有真正成长为城市文明传播者、还没有成为返乡创业的志愿者，还不具有自愿成为社会主义新农村建设者的意识，只是把返乡仅仅看作"权宜之计"，缺乏建设新农村的信心和勇气。他们只是期待经济早日回暖，尽快重回城市就业。

3. **返乡后的"无根性"焦虑强烈。**"城乡两栖型"的生存方式原先只是使农民工群体隐约产生了一种"无根"的感觉，但表现并不强烈，因为他们长期确信自己的"根"扎在自己出生的那块土地上。可是，这次国际金融危机引起大规模农民工返乡，导致一些长期在外打拼的农民工也被迫返回家乡，却感到难以适从，内心十分苦恼。由于他们长期在外工作和生活，对原本属于自己的生活和工作方式已经十分陌生，这使他们心理短期内难以调适，产生了一种强烈的"无根性"焦虑。调查中发现，大约有 32.2%的返乡农民工都表现出一种"无根无攀""什么地方都站不住脚"的焦虑心情。①

4. **返乡后的家庭生活烦恼不断。**农民工生存意义上的"家"在农村，但是一旦返乡后，却面临"几家欢喜几家愁"的境遇。由于农民工返乡后，心理自卑、无助和失落，家庭缺少经济来源，导致生活困难，因而会引起诸多家庭烦恼。调查发现，大约有 13.4%的返乡农民工因违反计划生育政策，丧失了责任田，面临很大的家庭困难。在经济形势比较好的情况下，他们可以凭借着力气外出打工，解决家庭生计问题，但是在经济不景气时，就很难维持家庭生活。同时，婚姻稳定性问题、家庭成员关系问题、空巢老人问题、留守儿童问题等等，也给返乡农民工带来不少生活烦恼和心理冲击。

5. **受挫情绪重，社会剥夺感增强。**面对国际金融危机造成的失业，返乡农民工往往还会产生较为严重的相对剥夺感和较为强烈的受挫情绪，自卑心理和无助意识比较强烈，心理压力较大。据调查，95%以上的返乡农民工都没有自己的组织，也没有联系政府部门的直接通道，难以有效地保护自身的权利。返

---

① 殷小芬、孙佩锋：《返乡农民工思想政治教育工作研究》,《教育与教学研究》,2011 年第 12 期。

乡后一旦遭受不公平待遇，其合法权益往往得不到保护，这就会加剧他们的被剥夺感。同时作为弱势群体的返乡农民工，在低落情绪没有疏导渠道而又无法排解的情况下，也会丧失对政府和社会的信任，容易采取和社会对立的态度，成为社会不稳定的主要因素。

三、正确引导返乡农民工思想走向的政策建议

在当前国际金融危机形势下，为解决返乡农民工思想中存在的问题，稳定他们的情绪，增强他们的就业信心，振作他们的创业精神，为他们创造更好的就业环境，我们建议采取以下政策措施：

（一）**通过教育引导，提振择业信心**。一是通过宏观经济形势教育和国家就业政策引导，使他们增强择业信心，提升发展勇气。当前，要着重宣传中央加强宏观调控、经济企稳向好的形势，以及中央关于建设社会主义新农村政策、加强农村社会保障体系建设政策、加强返乡农民工就业创业政策、加强农村医疗卫生体制改革政策、加强农村城镇化进程政策、加强统筹城乡共同发展政策等等。通过形势教育和政策引导，使返乡农民工了解中央政策，增强就业信心、发展决心以及自主创业的信心。二是加强情感教育，进行精神抚慰。要深入细致地了解返乡农民工的心理状态和需求，有针对性地解决问题。善于运用情感倾听和疏导技术，使返乡农民工的不良情绪得到宣泄，用亲切、准确、生动、灵活的语言鼓励他们，给予他们希望、信心和动力，激励他们鼓起战胜困难的勇气，使他们树立起自立、自强意识。

（二）**千方百计开辟岗位，帮扶再就业**。就业是民生之本。通过积极发展经济来扩大就业，是解决返乡农民工问题的根本途径。一是积极鼓励企业稳定用工。要鼓励和支持广大企业采取灵活用工、弹性工时、组织培训等办法，稳定现有就业岗位。号召广大企业实行"不停工、不裁员、不减薪"的"三不"承诺，将"减员增效"变为"稳员增效"，主动承担稳定就业的社会责任。二是鼓励企业和社会创新就业岗位。积极扶持中小企业、劳动密集型产业和服务业发展，增强吸纳农民工就业的能力。加快农田水利、交通能源等重大基础设施建

设项目，尽量多招用失业返乡的农民工。三是积极鼓励众多企业、事业单位和社会组织，努力挖掘用工资源。在现有条件下，积极挖掘用工岗位潜力，争取为广大返乡农民工提供更多的就业机会。四是努力提供就业信息。要成立就业服务机构，及时掌握就业动态，加强就业指导、职业介绍和就业信息服务，搭建劳务对接平台，引导农民工有序外出就业。通过劳务市场、报刊、广播、电视等多种途径，及时地发布就业岗位信息。

（三）积极营造创业环境，培养创业精神，增强创业风险意识。一是要积极营造良好的创业环境。抓紧制定扶持农民工返乡创业的具体政策措施，降低农民工返乡创业门槛，在用地、税费、工商登记、金融信贷、财政等方面，给予更大的支持。推行联合审批、"一站式"服务等便民措施，为农民工开辟创业"绿色通道"。二是要培养积极的创业精神。要树立返乡创业的好典型，及时表彰优秀创业者，增强返乡创业农民工的光荣感、责任感和自信心；还要广泛宣传创业事迹、创业精神，引导全社会尊重、关爱和扶持农民工返乡创业，激发他们的创业热情。三是要增强创业的风险意识。要把风险意识的教育贯穿在培训和各种宣传教育中，着力提高返乡农民工认识和有效防范创业过程的各类风险，主要是资金风险、政策风险、经营风险和技术风险。

（四）不断提升综合素质。一是要加大职业技能培训。要加大对返乡农民工培训投入，改进培训方式，扩大培训规模，增强培训效果，化暂时失业为继续充电。要着重提高返乡农民工科技素质、岗位职业能力和经营能力。要根据返乡农民工的特点，采取灵活多样的培训方式，突出培训的针对性和实用性。要围绕市场需求开展订单培训和定向培训，提高返乡农民工择业竞争能力；围绕农民工回乡创业，组织开展创业培训，提高农民工的自主创业能力；围绕农业现代化、产业化，开展农村实用技术培训，提高返乡农民工的农业技能。二是要不断提升现代文明素质。要积极提升返乡农民工作为社会主义现代化建设者所应有的能力素质、道德素质、法律素质、心理素质与文化素质等现代文明素质。要让农民工共享丰富的文化资源，精心设计适合农民工的文化活动，宣传农民工中的先进典型，鼓励他们以主人翁的姿态积极参与城市和新农村的建设。

（五）做好社会保障和公共服务，让返乡农民工无后顾之忧。返乡农民工最关心的是社会保障问题。要保障返乡农民工的基本生活需要，对返乡困难人员给予适当救助，解决诸如特困家庭资助的问题，对受工伤的返乡农民工给予工伤保险权益保障。还要建立健全返乡农民工的公共服务体系。及时妥善安排返乡农民工子女入学，学校不得拒绝接收。积极引导返乡农民工参加新型农村合作医疗，解决其看病就医问题。组织好返乡农民工有序流动，帮助他们解决返乡过程中的实际问题。

国际交流与技术进步

努力推进技术转移　加快建设创新型城市[*]

"创新是一个民族进步的灵魂，是国家兴旺发达的不竭动力。"创新型城市是创新型国家建设的重要支柱，创新型城市是指主要依靠科技、知识等创新要素驱动发展的城市，创新型城市的内涵一般体现在科技创新、模式创新、管理创新等方面。新世纪以来，随着经济全球化步伐加快，世界各国重要城市都把强化创新体系作为城市发展重大战略，把实施科技创新投入作为城市发展战略措施，积极研究推动技术转移、发展高新技术产业，实施城市发展重大科技战略，以增强创新能力来提升城市竞争力。党的十八大以来，党中央、国务院在经济新常态形势下，提出要加快实施创新驱动战略，我国各个地区积极响应号召，纷纷出台各种政策措施，加快创新型城市建设。我们认为，当前建设创新型城市，最重要一个方面就是要加快技术创新战略，而技术转移是我国各地城市在技术不够先进、技术创新能力比较薄弱的情况下，实现技术创新必然要经历的一个特定阶段。技术转移是指技术在不同国家、地区、产业、行业、研发机构内部或之间内输入与输出等活动过程，包括各类技术成果、技术信息、技术能力的转让、迁移、吸收、交流以及推广应用等。

一、加快城市间国际性技术转移

第一，加快城市内的跨国公司技术转移。我们认为要加快各大中城市内的跨国公司技术转移。许多跨国公司在全国各个城市中都有自己生产或研发基地，跨国公司在这过程中往往就会将技术扩散或转移出去。这样，各个城市就有近水楼台的优势，可以将技术尽快吸收，并进行模仿创新，从而有利于创新型城市建设。例如，近年来，西门子、奥迪、宝洁、卡特彼勒以及 IBM 等跨国公司

* 本文发表于《人民公仆》2015 年第 9 期。

在中国各个城市内的投资设立企业和研发机构，如果能够加快这些跨国公司研发机构与所在城市之间的技术交流，推动技术成果转移，将会大大推动各地创新型城市的发展。

第二，可以通过与发达国家城市政府间签订技术合作协议，通过签订合作协议来实现技术转移。通过与发达国家城市政府签署战略合作协议，可以有利于调动发达国家有关城市中各类企业、研发机构以及大学等主体参与技术转移积极性，能够有效地保障双方城市各类主体在技术转移过程中的共同利益。例如，大连市与美国奥克兰市、德国罗斯托克市等城市结为友好城市，南京市与日本名古屋市、美国圣路易斯市、德国莱比锡市等城市结为友好城市，这样都有利于国内城市在发达国家城市合作过程中获取先进技术产品或先进理念，以促进我国城市创新发展。

第三，通过技术中介服务机构进行国际技术转移。目前各个城市中都有自己的技术交易市场或者技术转移中心，通过这些技术转移机构可以将国外先进技术引进到国内来。例如，全国各个城市中都有自己的技术交易市场、专利事务所或技术转移中心，通过这些中介服务机构可以将国外先进技术转移到国内城市来，从而有利于加快创新型城市建设。

二、加快城市间区域性技术转移

第一，加快大中小城市之间企业技术转移。中小城市一些小企业要主动与大城市的一些高科技企业合作，主动吸收、获取一些先进技术，促进企业技术不断创新，城市不断发展。例如，北京中关村高技术企业就比较集中，生物制药类企业、网络电子科技类企业、环保科技类企业等都比较多，中小城市中的企业可以与这些企业加强合作，将这些企业掌握的先进技术或适用技术转移到本地城市企业中来。

第二，加快城市科技园区建设。通过科技园区的孵化器、产业聚集效应以及各类优惠政策，可以吸引一些高技术企业入驻。科技园区还可以细分为各个专业功能园区，分门别类地把各种不同行业的高技术企业吸引到园区中来。例如，苏州工业园区就采取产业集聚效应，把新加坡、韩国、日本等地高技术企业集聚起来，有利于把国内外先进产业技术吸引到本地城市中来，对促进技术转移，加快城市创新发展起到了很好效果。

第三，中西部地区各个城市政府有关部门或机构可以积极地和东部发达地区城市政府有关部门或机构加强技术项目合作。通过政府间交流与沟通，可以选择引进一些适用或先进的技术合作项目，从而可以加快西部地区城市创新项目工程建设。例如，中西部地区中小城市政府部门可以到东部经济发达地区寻找与自己城市产业结构或技术产品结构比较接近的城市，开展战略对接，与当地政府部门签定一些项目合作协议进行招商引资，在政策上措施一定优惠措施，从而把一些高技术吸引到本地城市来。

三、加快城市产学研结合型技术转移

第一，加强同一城市内部产学研机构间技术转移。在同一城市内部大学、科研机构和企业等之间可以围绕项目进行技术合作，在科研、试验和生产等不同环节进行联合开发创新，这样可以将实验室最新科研成果迅速实现产业化，提高科研成果有效性，有利于城市内部产学研创新联盟的实现。例如，清华大学、北京大学、中科院等大学或科研机构就与清华同方、北大方正、中科三环等很多企业之间有很多技术合作项目，建成了产学研的完美结合体，对于城市创新驱动战略实施起到了很好的推动作用。

第二，实现国内不同城市中产学研机构间技术转移。由于各个不同行业、不同产品的技术研发、生产和转让等受到地域环境、科研条件、生产成本和市场需求等方面限制，因此掌握同类型产品技术的大学、研究机构和生产企业往往分布在不同城市之间，这样就需要不同城市中产学研机构加强合作，来实现协同创新战略。例如，中西部边缘地区的一些城市，本地没有较好的科研机构或大学，可以加强与北京、上海、天津或广州等较大城市中的大学或科研院所进行技术项目合作，加强技术转移，推动城市高技术产业发展。

第三，要加强国际城市间产学研合作的技术转移。目前国内外城市之间学术、科研等各种流动活动不断增强，全国各地城市都可以利用各种交流平台，与国外这些城市中的大学、科研机构等建立各种技术合作关系。可以按照不同合作项目要求，在国内建立教学或科研、生产实验基地，使国外城市先进技术能够在国内各个城市中得到迅速而广泛传播。[1]

---

① 李敏等：《我国城市技术转移双网络分析》，《软科学》，2016 年第 3 期。

多学科视野中的当代国际技术转移*

国内学者一般都是从经济学层面来研究当代国际技术转移的，我们认为，全球化时代的国际技术转移不再只是经济层面上的交换活动，它涉及的范围越来越广，越来越成为各个学科都关注的话题。国际技术转移越来越表现为一个复杂的系统过程，而不再只是简单的跨越国境的技术转移。国际技术转移不仅包括技术、设备或信息等有形的物质方面的技术转移，而且包括以技术为载体的生活方式、价值观念和政治意识形态等无形的精神文化层面的理念转移。本文把国际技术转移作为一个系统过程，试图从不同学科的视角来研究它。

一、经济学视野中的国际技术转移

从经济学角度来讲，国际技术转移是世界各国获取经济利益或提高本国生产力水平的有效手段。一般来讲，发达国家进行国际技术转移的主要目的就是要获取巨大的利润；而发展中国家试图通过国际技术转移，引进先进技术，提高自己的生产力水平、增强自己的经济实力。广大发展中国家将引进先进技术作为一项重要的国家政策,通过多种形式的国际技术转移如引进先进技术设备、专有技术许可、进行技术合作和跨国公司的直接投资等方式，在消化、吸收国外先进技术的基础上，进行技术创新和技术扩散，使国家整体技术水平有了很大提高，经济发展速度也有所加快，可见国际技术转移的确是促进经济发展、增强国力的一条捷径。

对于从经济角度考虑的国际技术转移，我们打算分为发达国家之间、发达

---

* 本文发表于《中国软科学》2002 年第 7 期。

国家与发展中国家之间两个方面来考虑。一方面，发达国家为了获得更多利润或提高技术水平，它们之间的国际技术转移在不断扩大，出现了如下一些新特点：其一，技术含量高的工业制成品国际转移不断扩大，其在贸易中所占比重不断增加，而技术含量低的初级产品贸易虽也有增长，但速度较慢，比重有所下降。其二，高科技产品在技术转移中所占比重增加，竞争激烈。其三，知识产权（商标、专利、版权和商业秘密）在国际技术转移中占有越来越重要的地位。其四，部门内部的国际技术转移日益占有重要地位。由于国际分工愈益向水平方向发展并日益深化，部门内部国际技术转移的地位也愈加突出，同一类型的技术产品由于规格、型号、花色、功能各具特色，因此各国既是这类技术产品进口国，也是出口国。其五，技术人才流动速度在不断地增长，这也是国际技术转移的重要表现。随着全球化进程的加快，发达国家之间的人才流动呈现出前所未有的高涨局面。其六，国际技术转移还表现为发达国家之间的直接投资不断增加。发达国家的对外直接投资是跨国公司技术转移内部化的表现。近年来，对外直接投资规模更是迅猛扩大。跨国公司通过对外直接投资，可以利用垄断其所掌握的先进技术，获取更大的利润。通过对外直接投资，各发达国家可以相互获得包括技术转移的溢出效应在内的很多经济利益。总之，通过多种形式国际技术转移的直接联系，使各发达国家之间的经济关系更加密切，更加牢固，使各国经济相互交织，融为一体。

另一方面，在经济上，发达国家与发展中国家为了各取所需，它们之间也存在着很多技术转移。这些技术转移具体表现如下几个方面：其一，发达国家通过技术许可方式向发展中国家转移技术。其二，发达国家通过出口技术设备等方式向发展中国家进行技术转移。其三，发达国家通过直接投资的方式向发展中国家转移技术。虽然表面上看来技术转移是平等的，但实质上在技术转移过程中发展中国家往往处于劣势。例如，在跨国公司内部化技术转移的过程中，就体现出这样的情况，因为通过跨国公司直接投资带来的生产技术中心转移是有层次的。被源源不断地转移到发展中国家的生产技术是处于产品技术生命周期的后期、技术开发的边缘以及消费的外围的状况。正如吉尔平在谈到跨国公司的生产技术中心转移时，说道："公司权力的真正核心——金融、研究与发展、管理控制权——仍然在美国。"[1] 可见，在全球化进程中，国际技术层次的总趋势是技术层次相对固定化，生产技术随着产品和产业结构的升级换代而不断被从"中心国家"转移"半边缘国家"，再从"半边缘国家"转移到"边缘国家"。这样发展中国家的技术水平就会一直处于较低层次的状态。在拉丁美洲，跨国公司直接投资没有明显促进其经济的发展。外国直接投资在何种程度上有助于接受国的发展，取决于该国政府对外国直接投资的运作进行控制的程度，但是发展中国家的这种控制力正在被削弱。

二、政治学视野的国际技术转移

从政治学角度来看，国际技术转移是主权国家间复杂政治利益关系的表现。因为先进技术作为一种宝贵资源，一旦被少数发达国家所控制和垄断，自然不愿轻易转让给所不喜欢或认为是其敌对势力的国家。掌握先进技术的国家可以通过向一些国家转让技术，以此来加强或改善彼此之间的关系。因此，既有那种从经济利益角度考虑的国际技术保护主义，也不乏从政治利益考虑的国际技术保护主义。所以，在进行国际技术转移时，主权国家从国家利益和国际战略角度充分考虑其政治影响和政治后果是很常见的。目前，由于国际政治经济发展极不平衡，技术领先的发达国家往往以先进技术作为筹码，对发展中国家提出各种不正当的政治要求，干涉其内政外交，推行强权政治。

（一）**发达国家之间进行的国际技术转移，使发达国家之间既联系紧密，也相互争斗。**一方面，发达国家之间持续进行的国际技术转移，使双方在政治上更加紧密联系。如美国、欧盟和日本等发达国家之间的技术贸易和技术转移日益增长，这使得它们共同称霸世界的政治联盟日益紧密。发达国家的以技术转移与合作为基础的经济区域化和集团化是政治集团化的重要推动力。可见，世界各发达国家之间，一般都会由技术贸易、经济合作逐步扩大到政治等领域的合作。另一方面，发达国家之间由于对国际技术贸易市场的争夺，也有可能导致彼此之间政治上的争斗。正如美国学者唐纳德·贝伦所指出，"美国、日本

---

① 王逸舟：《全球化时代的国际安全》，上海人民出版社 1999 版，第 273 页。

和西欧国家的安全利益一般是平行的，尽管并非一致。然而，这几个非共产主义力量的主要中心，由于相互之间经济利益的矛盾，从某些时候以来一直处于离析状态。并且由于其经济增长率较低，对高度工艺技术市场的竞争，贸易上的保护主义情绪，以及新兴工业化国家的竞争，可能更加深其离心倾向。"伊曼纽尔·沃勒斯坦也指出，"在今后10年中美国决策人所面临的最困难的问题"，"是西方对西方的问题，产生这个问题的原因，是美国的两大对手西欧和日本对美国构成巨大的经济上的，因而也是政治上的威胁。"可见，发达国家内部由于对包括国际贸易技术市场争夺在内的经济利益争夺必然会导致他们之间在政治上产生矛盾与冲突，从而可能形成多种政治利益集团。

（二）对发达国家与发展中国家来说，国际技术转移过程中的技术输出方往往是发达国家及其跨国公司，它们往往利用手中掌握的高技术，对作为技术引进国的发展中国家提出各种不平等的要求或进行种种政治上压迫。即使发达国家对发展中国家进行所谓"无偿技术援助"，也有着不可告人的政治目的。高技术"这些东西反映了一个民族的能力，也是一个民族、一个国家兴旺发达的标志"。的确，一般掌握了先进技术的都是发达国家，但是它们为了维护其对高技术的独占性，决不会轻易将高新技术资源转移给发展中国家，甚至还将其作为维护其强权政治的武器。发达国家利用国际技术转移实现控制发展中国家有许多表现，如在卫星电视技术、互联网络技术的国际转移。跨国公司在世界各国内部化的技术转移过程中推行强权政治和霸权主义，企图在政治上控制和压迫发展中国家。具体分为如下两个方面：

其一，发达国家在对发展中国家进行网络技术转移的过程中，对发展中国家进行控制和压迫。发达国家把网络技术在世界各国转移、推广，表面看来就是要把全世界连接起来，给予各民族国家以平等机遇，谁都可以利用。因为信息流动似乎是双向的，互联网是没有中心的。但是，事实并非如此。发达国家拥有发达的网络信息技术，科技实力雄厚，因此巨大全球网络基本上还是控制在以美国为首的西方发达国家手中，它们可以利用这个网络传播西方的文化思想、价值观和生活方式，推销西方的政治模式；可以利用它为西方大公司打开各种通道，增强其实力和渗透力；西方国家可以利用它开展无形战线上的战争，为西方政治战略服务。它们以一致性压制差异性，削弱单个民族国家的凝聚力。以美国为首的西方国家，凭借其强大的经济垄断地位和科技实力，独霸和控制了世界大部传播市场，造成了压倒一切的"一面倒"的单向信息流通格局。全球化时代，西方发达国家往往利用信息、互联网搞霸权主义、推行强权政治、干预地区冲突，干涉发展中国家内政外交，还大搞"网络民族主义"和"网络种族主义"等。网络信息技术往往可做到"不战而屈人之兵"，尤其是计算机合成技术、网络技术的发展为信息霸权安装了巨翼。由于人类社会达到信息化、网络化、卫星电视和信息网络等已超越国界，信息技术力量开始介入国际关系和全球政治，成为"无形战争中最强有力的武器"。"网络世界"缩短了全球的时空距离，使西方发达国家能够迅速地对全球各地随时发生的事件作出反应，更易于其控制全球的局势。"通过互联网技术，全球化也大大限制了政府干预的余地和效果。民族国家政府，这个昔日威斯特伐利亚世界秩序的明星，正在迅速黯淡。"每个发展中国家都感到自身被"网络"愈来愈紧地控制着。"网络世界"体现了跨国垄断资本控制的西方发达国家运用国际技术转移的卑劣手段，在政治上企图控制和奴役发展中国家的现实。

其二，跨国公司在以直接投资方式进行的国际技术内部化转移过程中，也常常干涉发展中国家的内政。正如马来西亚学者拉贾文所认为：进行技术内部化转移的跨国公司正在试图使世界实现跨国公司化，尤其要使发展中国家实现跨国公司化。世界经济领域，生产活动的扩散由公司的战略计划操纵，而不是由政府的计划决定。委内瑞拉学者也认为：在下个一千年，统治世界的将是跨国公司的联合体。以技术为核心的经济实力将取代军事和政治实力。根据大型跨国公司需要，国家的作用将只是第二位的。在未来将会出现一些巨型高技术联合企业。而最终它们在向世界各发展中国家转移技术的过程中构成世界性的权力。德国学者在《全球化陷阱》一书中也认为：技术转移内部化取向的跨国公司在世界各国设立子公司，将会左右各国政府的政策选择。据报道，东南亚金融危机后，由于进行技术转移的跨国公司大举进入泰国，使泰国的国家主权和国家利益受到严重侵蚀。跨国公司还通过对与自身所转移技术相近的发展中国家的公司实行兼并的方式，逐步达到对该国经济命脉的控制。美国等西方发达国家就有很多技术性跨国公司对发展中国家的企业实行兼并，以达到其政治目的。例如美国惠普公司就买下了它与韩国三星公司开办的合资企业中三星拥有的股份。菲律宾长途电话公司也被西方发达国家的技术性跨国公司所控股，以前由政府控制的一些全国炼油企业、发电厂、广播公司股份也被西方发达国家跨国公司所控制。

三、文化学视野中的国际技术转移

从文化学角度来看，国际技术转移也是导致文化迁移和文化冲突的重要根源。伴随着国际技术转移，文化迁移必然会出现。因为，每一种技术都必然有与其相伴而生的文化。技术引进国如果仅仅进行技术引进，而企图将与其紧密捆绑在一起的文化拒斥在国门之外，那是很困难的。例如，网络技术必然伴随着虚拟生存等网络文化的出现，企图改变这种现象是很难的。这正是由于这种技术与文化所具有的特殊关系决定的。从文化学角度来看，在发达国家对发展中国家进行的技术转移过程中，相应的文化入侵和文化冲突的情况较为显著。而在发达国家之间、发展中国家之间进行的技术转移引起的文化冲突现象都不是十分明显。所以，我们在此主要讨论的是发达国家与发展中国家之间技术转移引起的文化现象。

目前，西方腐朽文化随着全球化时代各种形式的国际技术转移步伐加快，更加迅猛地侵蚀着发展中国家文化主权。以内部化技术转移为己任的技术型跨国公司对文化西化起到了推波助澜的作用，它在使发展中国家文化更加庸俗化、低级趣味化的过程发挥了重要作用，其目的是要达到腐蚀、奴役和麻痹发展中国家人民的效果。因此，汤林森在怨怼的氛围中指出，现代性的技术全球化就是"资本主义现代性'活生生的文化'，实乃透过西方社会的主要社会经济机构而传送，亦即透过资本主义的市场、官僚组织、科学与技术、大众传播等柏格称之为'现代性的携带者'。就某种清楚显明的'政治经济'意义而言，我们可以说这些过程确实是强行加诸非西方文化体的，因为它们整个是与政治经济帝国主义与殖民主义串联而不可分离，在这么一段历史里，西方一直是而现在仍然是占据了支配的位置。"目前，西方发达国家通过各种技术转移途径如通过许可麦当劳和肯德基商标使用权、转让流行音乐技术和"蒙太奇"电影技术等对发展中国家的文化进行侵蚀，其中很重要的一条途径就是在转移网络技术过程中，贩卖各种西方文化，即利用数字化的"网络世界"（电脑互联网、卫星电视、全球电信自由化）来传播各种西方的价值观念、生活方式等，企图西化发展中国家，使处于非西方文化影响下的网民"无意识"地认同和接受西方的世俗生活方式和实用主义价值观念，进而否定自己的文化。由于计算机网络技术是西方发达国家首先发明的，计算机网络技术与生俱来就体现了西方话语和政治文化特点，因为计算机网络协议就用西方规定的标准语言编写的，例如目前世界各国网络被统一规定为"环球网"就是西方国家操纵国际网络超文本传输协议的具体表现。正是由于网络技术与生俱来的西方文化内蕴特点，使得依托网络传播的文化交流失去了平等性和交互性，变成了西方文化对发展中国家的单向渗透。近年来，发达国家使掌握的网络技术在进行国际转移的速度和范围都在急剧上升，促使全球网络信息化进程日益加快，其目的之一就是要加紧通过网络文化来侵蚀发展中国家。西方发达国家将网络技术扩散到全球范围，其一个重要目的就是要凭借自己在网络方面的技术优势，将自己的文化强加于发展中国家，对发展中国家进行文化侵略和文化殖民。据统计，西方发达国家特别是美国以麦当劳、肯德基、好莱坞电影和肥皂剧、迈克尔·杰克逊和麦当娜、《花花公子》和可口可乐为标志的流行文化集合体，通过因特网等高技术方式明或暗地渗透到发展中国家的文化中去，侵蚀发展中国家的文化主权，使其多样化的民族文化趋于西方化、美国化。

因此，在技术转移全球化的世界中，发展中国家的传统文化处境反而越来越糟，就像后现代大师米歇尔·福柯所说的那样：在"全景监狱"中被全方位地监控，甚至没有逃离与"缺场"的机会。也如詹明信所说："大家都属意于一种公认为跨越全球、网罗全世界的电脑网络。……整个活动过程浸淫在一个偌大的阴谋网络之中，其复杂之处实非一般读者所能轻易把握。"由于技术和文化在深层次上有着密不可分的联系，所以技术供方——发达国家在技术转移过程中主动利用其掌握的优势地位对技术受方发展中国家进行文化殖民。西方发达国家通过网络信息技术对发展中国家文化进行侵蚀，非常便利。一方面是以美国为首的西方文化通过网络在全球迅速膨胀，形成文化传播的单向度倾向；另一方面，那些欠发达国家和地区的民族文化则在网络时代处于弱势和日益边缘状态。西方发达国家通过网络技术传播的西方文化产品和价值观念，时刻在动摇着发展中国家人们既有的生活方式、行为准则，从而造成人们价值标准混乱和精神困惑。

四、社会学视野中的国际技术转移

从社会学角度来看，国际技术转移是促使社会整合的重要因素。先进技术是人类社会达到更高文明阶段的工具。国际技术转移将会进一步推动全球化进程，世界各国、各地区在先进技术的整合下，彼此之间的交往联系会更加紧密。目前高技术的国际转移主要表现为科技全球化，而科技全球化又表现为网络信息、通讯等克服空间障碍在全世界的自由传递，从而使世界各国在高技术的融合下距离越来越近。正如麦克卢汉的"地球村"观点就是从这个角度出发的。他认为，由于网络电子通讯的瞬间性，因此它能把各种事件和场所拉一起，使它们统统相互依赖起来，造成时间和空间的压缩。电子技术确立了类似于人的中枢神经系统的全球通信网络，使我们能够理解和体验到世界是一个整体。的确，世界某一个角落发生的事，在几秒钟可以迅速传播到世界各地。正如麦克卢汉所说："有了电子技术，我们可以将我们的中枢神经系统延伸到全球，同时把每个人类的经验联系起来。"他还说道，"电子流动推翻了'时间'和'空间'的统制，即时地、不断地向我们灌输所有其他人关心的问题。它在全球范围内重新建构对话。它传达的信息是'总体变迁'，结束了心理上的、社会的、经济的和政治的地方观念。旧的城市的、国家的和民族的集团划分已经变得行不通。没有什么比'一切在此，一切无所不在'更能说明这种新技术的精神了。我们已经无家可归了。"

可见，以高技术在国际范围内的转移和推广为表征的科技全球化，的确使全球整个社会变得越来越像个"地球村"。英国学者吉登斯也认为，在以技术国际转移为表现的科技全球化过程中，"时空伸延"和"反思性"大大延伸了社会关系的时空距离，使复杂的全球关系网络得以形成。所以，吉登斯认为以国际技术转移为表象的现代性实质上是"世界范围性社会关系的强化，这些关系以以下这样一种方式将遥远的地方性联系起来：一个地方发生的事情受到千百里以外发生的事件的塑造，反之亦然。这是一个辩证的过程，因为地方上发生的事情可能沿着与塑造它们的伸延很远的关系相反的方向运动。地方性的变迁既是全球化的一部分，又是社会联系跨越时间和空间的旁向延伸。"对吉登斯来说，这个以技术全球化的有多种因果联系和多缕的现代性过程，"一个在协调的同时发生碎化的不平衡发展过程。"可见,技术的国际转移必然会引起世界各国在"地球村"意义上的全球社会重新整合。但是,这种以技术为中轴的全球整合并没有实现如哈贝马斯所说的国家之间"交互主体性"的全球交往,贫国与富国之间的不平等仍然是显而易见的。在这种全球整合的交往过程中,西方发达国家一直占据主动地位,而发展中国家一直处于弱势和被动状态。

五、军事学视野中的国际技术转移

从军事学角度来看,国际技术转移必然将会使军事力量在世界各国的部署重新调整,它们甚至可以使世界各国的军事力量不断出现分化组合。一方面,技术国际转移可以增强军事上相互信任、加强相互合作和提高军事装备、增强军事实力的一条捷径;另一方面,国际技术转移也会促使各种军事力量不断产生分化和敌对,导致战争危机出现。正如安东尼·吉登斯所指出,"世界经济已允许先进武器与军事技能极其迅速地扩散,在这种处境下,就国家主权而言,结果是奇怪地——也许是灾难性地——杂乱失序。"强大的技术往往是大国军事强大的后盾,而技术落后的发展中国家的军事技术往往是不会先进的。技术对于增强世界各国军事力量有着巨大的作用。恩格斯早在一百多年前就指出:"一旦技术上的进步可以用于军事目的并且已经用于军事目的,它们便立刻几乎强制地,并且往往是违反指挥官的意志而引起作战方式上的改变甚至变革。"美国战略与预算评估中心主任克里佩涅维茨也认为:"只有新技术成果大量应用于军事系统,并与新作战理论和体制编制结合在一起,从根本上改变作战性质和样式时,才可能发生新军事革命。"近年来,以电子、计算机信息技术为核心的新技术在军事领域广泛应用,引起了其他军事技术如精确制导、卫星通信和卫星预警、全球定位系统、隐身、激光等一系列技术的迅猛发展,并促使一大批新兴武器面世。

正是由于技术对军事力量具有巨大的推进作用,所以国际技术转移必然会对军事力量的此消彼长产生巨大的影响作用。西亚和中东的一些发展中国家为了提高自己的国际军事地位,企图通过国际技术贸易等获取具有军事价值的尖端技术,但是发达国家为了维护其在全球的霸权地位,不但自己不愿而且也不允许其他国家转让具有军事价值的尖端技术给这些发展中国家特别是被它们指定为"危险分子"的国家。可见，发达国家为了维护其在国际上军事的霸权地位，常常会干涉和控制对很多具有军事价值的技术的国际贸易。一些高技术例如核技术、电子信息技术在军事上具有十分重要的战略意义。即使在科技全球化的今天，核武器仍然是大国政治和军事地位的重要象征。拥有核武器，将会大大增加一个国家在军事上的国际地位。正如邓小平所说："如果六十年代以来中国没有原子弹、氢弹，没有发射卫星，中国就不能叫有重要影响的大国，就没有现在这样的国际地位。"可见，核武器不是纯粹的技术武器，而是具有战略意义的军事力量。正如安东尼·吉登斯所说，"核武器的出现源于工业主义和作战方式的直接结合与发展，但是，其破坏力如此巨大，以至于威胁要使用它们就足以改变战争的性质。"核武器的作用具体表现为其具有很大的杀伤力、威慑力和动员全国人民的号召力等方面。其中，核武器的威慑力在国际军事中是经常运用的，核威慑的效果就是要以声势和威力相慑服，以达到《孙子兵法》所说的"不战而屈人之兵"的目的。另外，从单纯国家实力角度出发，一个国家拥有核武器，不仅可以提高它在国际军事中的威信和发言权，而且也获得了国际社会"俱乐部"中的"贵宾卡"。正是由于核武器具有巨大的军事作用，所以核技术扩散问题一直是世界各国都关心的一个重大问题。可见，一种重要技术如核技术等一旦进行国际转移，将会造成世界各国军事力量的巨大变动。因此，核大国共同制订了核不扩散条约以防止国际军事格局的动荡。除核技术以外，其他高技术也具有很大的军事价值。因此，许多国家在进行技术贸易时非常谨慎，但无论禁止转让还是企图获得一些尖端技术的一条重要原因，都出于军事目的。

六、生态环境学视野中的国际技术转移

从生态环境学角度来看国际技术转移，在进行国际技术转移时，一定要注意技术的可持续发展性。发展中国家在引进技术时，要提高警惕，防止西方发达国家把带有污染性后果的"夕阳"技术转移给自己。近年来，生态环境问题越来越受到整个国际社会的关注。从历史上看，生态环境遭到严重损害已有数

百年之久。从工业革命后，西方资本主义就完全从工具理性出发，不断创造出各种新的技术用以对自然进行变本加厉的掠夺，对环境的破坏也日益加重，产生了一系列全球性和地区性的生态、环境和资源问题，如全球气候变化、臭氧层破坏、全球性水资源短缺、土地沙漠化、森林资源锐减、生物多样性减少、全球人口爆炸、能源危机等。可见，从人类历史的角度看，这些高技术毁坏性和污染性的严重后果，归根结底是由于西方发达资本主义片面追求利润最大化的原因。正如奎尼所说：资本主义"制度不断吞噬着它所赖以生存的自然基础"。英国生态理论家大卫·佩珀也指出，"资本主义的生态矛盾使所谓'资本主义可持续发展'、'绿色资本主义'成了不可实现的梦想，并且是一种自欺欺人的骗局。"发展中国家环境与发展部长级会议通过的《北京宣言》指出：西方发达国家对全球环境的退化负有主要责任。工业革命以来，发达国家以不能持久的生产技术过度消耗世界的自然资源，对全球环境造成损害，发展中国家受害更为严重。而法兰克福学派早期代表人物霍克海默尔和阿尔多诺也曾深刻地指出："虽然启蒙精神的理性主义提高了人统治自然的力量，但和这种作为罪恶之源的劳动分工一起的，是人同自然的异化。"他们实际上指出了作为技术理性负面作用，甚至认为工业技术的发展会导致严重的生态危机，工业技术的提高最终有可能导致地球的自我毁灭，整个人类甚至也会因为工业技术导致的爆炸或环境污染而遭湮灭。可见，西方发达资本主义国家在谋求利润的过程中，运用工业技术掠夺了自然和破坏了生态环境平衡。

目前，西方发达国家为了保护本国的生态环境，利用全球化的有利条件，正在把一些具有高污染风险的技术转移到发展中国家，从而把污染源转嫁到发展中国家，主要通过在发展中国家直接投资设厂等技术转移途径，把一些具有高污染风险的技术转让给发展中国家。这种国际技术转移的危害性表现很多，如化学物质污染、核泄漏事故和核污染、太空垃圾和太空污染、大气和海洋污染、（手机）电磁污染等，使发展中国家遭受了生态环境污染的灾难。最典型是美国联合碳化物公司进行的具有高污染风险的农药技术转移——在印度博帕尔市建立农药厂，结果由于泄漏事故造成的生态灾难，给印度人民带来了巨大损失。这是发达国家把危险的、高污染技术型产业转移到发展中国家进行生产，从而把生态风险转嫁给接受国，造成严重污染的典型表现。所以，在国际技术转移过程中，发展中国家要提高警惕，防止从西方发达国家输入具有高污染风险的技术。

七、启示

我们认为，国际技术转移是多学科的复杂的系统过程。因此，在进行国际技术转移时要注意到其对各个学科的全面性影响，不能只注重其经济上的效果，而忽略了其他方面影响。所以，进行国际技术转移并不是一项简单的经济工作，必须全方位地考虑其效应。特别要注意从技术可持续发展性的角度来考虑国际技术转移，在技术转移之前要对技术进行充分地评价，防止引进具有很大负面作用的所谓"先进技术"。但是也不能因为国际技术转移具有一些负面影响而倾向于闭关自守，正如邓小平同志指出"一个国家要取得真正的政治独立，必须努力摆脱贫困。而要摆脱贫困，在经济政策和对外政策上都要立足于自己的实际，不要给自己设置障碍，不要孤立于世界之外。根据中国的经验，把自己孤立于世界之外是不利的"。日本、德国等二战时的战败国，之所以能够在短时间内成为世界强国，其中一条重要原因就是它们善于从其他发达国家学习和引进先进技术，从而发展壮大自己。再如，以前落后于中国的韩国，短短数十年内在许多技术领域已接近甚至达到世界先进水平，成为"亚洲四小龙"之一，其重要原因也是其重视学习和引进技术。中国现在也正大力强调科教兴国之路，希望能够通过学习和引进先进技术加快发展自己，以缩短差距，逐步赶上西方发达国家。"摆脱贫穷和落后，就必须开放。开放不仅是发展国际交往，而且要吸收国际的经验。"[①] 可见，中国要在短期内迅速发展自己，那就不仅要敢于、更要善于引进国外先进技术。因此，我们主张发展中国家在国际技术转移中，都应该用系统观点多角度、全方位地来考虑问题。

---

① 《邓小平文选》第 3 卷，人民出版社 1993 年版，266 页。

论发展中国家的技术成长模式及其启示[*]

处于后进状态的发展中国家，其技术成长模式由于各个国家不同的历史与现实条件而各有特色。我们根据发展中国家技术成长的独立程度，总结归纳出内生型、外生型和混合型三类技术成长模式。在考察和分析了现存的三种技术成长模式基础上，针对全球化的现实，我们又为发展中国家建构了一种全新的技术成长模式——全球型技术成长模式。我们认为全球型技术成长模式是全球化时代发展中国家迅速提高技术水平最为合理、最为有效的一种模式。

一、内生型技术成长模式

内生型技术成长模式主要是指发展中国家主要依靠本国自身的科学研究和技术开发，来不断提高自身的技术水平。如美国经济学教授迪尔姆斯·詹姆斯1988 年在《第三世界内部技术能力的积累与利用》一文中所说：20 世纪 80 年代以来，发展中国家的增强自身技术能力的日益上升的愿望已使技术转让问题的过去的这种传统倾向逐渐弱化。新的研究方向应是就发展中国家今后的技术发展道路提出各种论点，应强调发展中国家内部自身技术能力的不断积累。

内生型技术成长模式的优点是：其一，发展中国家可以在持续不断的科学研究基础上，扎扎实实地提高本国的技术水平，不断地积蓄自己的科技力量。其二，发展中国家可以通过自身的科学研究和技术开发，不断地为本国培养一批优秀的科技人才。其三，发展中国家通过自身科研和开发而获得的技术具有适用性，比较适合发展中国家的需要。其四，发展中国家自身进行科研和开发，

---

[*] 本文发表于《中国科技论坛》2002 年第 5 期。

可以节约大量用于技术引进的外汇。其五，发展中国家通过自身进行科研与开发，可以防止由于技术引进而带来的发达国家的技术控制和技术侵略。

内生型技术成长模式的缺点是：其一，发展中国家科研水平较为落后，如科技人才匮乏、科研资金短缺、技术设备陈旧等，科技实力与发达国家差距很大，因此发展中国家主要通过自身的研发很难在较短时间内赶上西方发达国家的技术水平。其二，发展中国家独立进行科研和技术开发，其技术发展模式容易走上畸形，脱离世界技术发展体系，脱离正常轨道。发展中国家如果不使自己的技术发展与世界先进技术密切联系起来，就容易不断地被世界技术体系所"边缘化"。从发展中国家技术成长的历史过程来看，内生型技术成长模式一般出现在新近取得民族独立的国家或者发展中国家的工业化早期阶段。这是由于新近取得民族独立的国家往往强调国家主权的独立与完整，对西方发达国家往往采取谨慎的态度，不愿与之进行过多的经济、政治等方面的交往，因此其技术成长模式往往是内生型的。而处于工业化早期阶段的发展中国家，由于其引进先进技术的资金和经验不足，而无法与其他发达国家的进行更多的经济交往，因此被迫走内生型的技术成长道路。

二、外生型技术成长模式

外生型技术成长模式主要是指发展中国家主要通过有计划、有步骤地大规模从国外引进技术的方式，来不断提高自身的技术水平。发展中国家通过技术引进获得所需要的技术、设备和专利等，以促进本国技术发展。恰如美国经济学教授迪尔姆斯·詹姆斯 1988 年在《第三世界内部技术能力的积累与利用》一文中所说：在第二次世界大战以后，发展经济学的技术部分把重点放在如何从外部取得物质的和概念性的工具方面。例如，二战后，拉美和非洲的一些发展中国家在本国技术成长过程中，较多地采取了引进技术的途径，因此我们可以把它们的技术成长归为外生型模式。

外生型技术成长模式的优点是：其一，通过技术引进，发展中国家可以获得更多的先进技术，以为本国的技术发展提供更高的平台。其二，通过公派留学和引进技术人才等方式，发展中国家可以获得更多的高技术人才。其三，通过对技术管理模式和技术引进制度的学习，可以促进发展中国家技术引进和技术管理制度的改革。其四，有助于缩短科研和技术开发的周期时间，有利于发展中国家在技术上迅速赶上世界先进水平。外生型技术成长模式的缺点是：其一，西方发达国家在进行技术转让之后，往往仍然会控制某些核心技术，容易造成对发展中国家的技术控制。例如在西方发达国家通过跨国公司在发展中国家直接投资等形式进行技术转移的过程中，虽然发展中国家可以获得一定的技术，但是核心技术仍然为跨国公司所垄断。其二，技术引进花费代价太大，容易造成大量外汇流失等。由于引进的技术往往是西方发达国家的垄断技术，故其价格也是垄断价格，所以发展中国家必然花费大量外汇。其三，引进技术的适用性不强。由于技术引进是一个复杂的系统过程，涉及经济、政治和文化等各个层面，因此有时引进技术之前，很难评估和预料引进的技术是否适合发展中国家。其四，技术引进往往会对国内的科研与技术开发造成冲击。由于发展中国家引进的技术一般都比较先进，往往会超出国内科研所能够达到的水平，因此随时会对正在进行的科研形成强大冲击。其五，容易产生对发达国家的技术依赖，从而导致自身科研体系日益走向瘫痪的状态。如果长期以引进技术为本国技术成长的主要模式，必然会导致本国的科研体系不断的萎缩，以致最终走向瘫痪。例如在 20 世纪 50、60 年代亚非拉的一些发展中国家在技术成长过程中出现的技术"引进——落后——再引进"恶性循环的状况，就是由于采取了外生型技术成长模式的结果。采取外生技术成长模式的发展中国家，往往由于本国的科技水平与世界先进技术水平的差距太大，自身的科学研究和技术开发能力十分薄弱，依靠自身的科研力量根本无法实现与世界先进技术水平的对接。因此，这些发展中国家往往采取引进外来技术来发展本国经济的方式。采取这一技术成长模式往往是在二战后新近获得民族独立的拉美和非洲一些发展中国家的工业化早期阶段。

三、混合型技术成长模式

混合型技术成长模式是指发展中国家通过对外国技术引进和本国自主研发的方式采取并重的态度，来不断提高自身的技术水平。正如西方学者赫伯特·科普列1990年在《拉丁美洲制造业公司的技术变革：回顾与总结》一文中指出：发展中国家的制造商并不像人们在60—70年代认识的那样，仅仅是引进技术的被动吸收者，而是积极地参与了技术的掌握、改进和创新。又如美国经济学博士E.维斯特法尔1987年在《亚洲四小龙的工业化发展》一文中，指出："亚洲四小龙"的成功经验：就是建立在自身技术能力特别快的发展基础上。这种快速发展在于自身技术消化、吸收能力的加强，能够很好地改进引进的技术。我们认为，这种技术引进模式集中了内生型和外生型两种技术成长模式的优点，但是由于国内、国外技术存在较大的差异，因此有时也会使发展中国家在技术引进和自主研发两种形式之间造成分离和断裂。

混合型技术成长模式的优点是：其一，可以发挥技术引进与自主研发的各自优势，充分满足发展中国家技术迅速成长的需要。其二，能够进一步完善发展中国家的技术成长体制。比如韩国政府就在引进技术的基础上，建立了一批研究和开发机构，帮助企业对引进的技术加以消化吸收、模仿改造和技术创新。据有关资料表明，在韩国现有的引进技术项目中，全部和接近被消化吸收的占54.4%，基本被消化吸收的占36%，有力促进了韩国的技术成长。可见，韩国采取的这种技术引进与技术创新相结合的模式，有力促进了本国的技术成长。

混合型技术成长模式的缺点是：其一，引进技术与自主研发之间容易产生断裂，不容易使两者很好结合起来。由于发展中国家的技术水平与发达国家相比，存在着较大差距，较为落后。因此，从国外引进的技术不一定能够适合发展中国家的技术发展水平，因此容易存在着断裂。其二，技术引进和自主研发同时进行，会花费大量资金。其三，技术引进和自主研发同时进行，若两者关系协调不好，就容易发生重复，造成资源浪费。比如拉美和亚洲一些发展中国家在技术引进初期，采取混合型技术引进模式时由于经验不足，往往造成一些浪费和走一些弯路。采取混合型技术成长模式的发展中国家，往往处于工业化快速发展的技术成长迅速的经济腾飞阶段。因为在这一阶段，发展中国家一方面需要引进国外的先进技术，来提升自身的技术水平和改造自己的产业结构，另一方面更需要在引进技术的基础上不断消化、吸收以实现技术创新。不断实现技术的"引进——创新——出口——再引进——再创新——再出口"，有利于使自身一直处于技术成长的良性循环之中。这一技术成长模式在"亚洲四小龙"的技术成长过程中得到充分体现。

四、全球型技术成长模式

前面讨论的三种技术成长模式，是在历史中曾经存在过或者是在现实中正存在着的。它们虽然都有各自的优点，但是也都有许多不可克服的缺陷，因此发展中国家必须寻求一种更加完善的技术成长模式。全球型技术成长模式则是我们根据科技全球化时代发展中国家技术成长的需要，而构建的一种全新的技术成长模式。这种模式的主要特点是：发展中国家立足于科技全球化的现实，超越传统的技术引进和自主研发的模式，采取与其他国家或全球性组织等组成技术战略联盟方式，共同进行研发，以不断提高自己的技术水平。

全球型技术成长模式与混合型技术成长模式似乎有相似之处，其实在根本上是不同的。因为，混合型技术成长模式依然以发展中国家自身为本位，认为发展中国家与其他国家的关系是"二元结构"的对立关系，因此没有把发展中国家放在一个全球日益密切联系的一体化世界中，而是以发展中国家本身的技术成长为中心，认为发展中国家自身的技术发展才是最高的终极目标。而全球型技术成长模式则是发展中国家把自身的技术成长融入全球技术的共同发展之中，使自身成为全球技术一体化不可分割的一部分。

我们认为，全球型技术成长模式即发展中国家与其他国家或全球性组织组成的技术战略联盟主要包括如下几种形式：其一，发展中国家之间组成的技术战略联盟。发展中国家的技术水平虽然总体上水平并不很高，但是可以互相取长补短，互相学习，因为每个发展中国家并不是在所有的技术领域内都落后。发展中国家技术战略联盟的形式可以是多样的，如可以组织地区性、课题性和行业性技术战略联盟等。其二，发展中国家与发达国家之间组成的技术战略联盟。这种技术战略联盟一般是以双边技术合作的形式而订立的。其三，发展中国家与国际性组织组成的技术战略联盟。这种技术战略联盟是发展中国家为了发展技术而与国际性经济、科技和政治组织订立的。其四，发展中国家与跨国公司之间组成的技术战略联盟。跨国公司控制着大量高新技术，发展中国家可以通过与它订立联盟的形式获得一些自身发展所需要的技术。当然还有其他形式的技术战略联盟。发展中国家的这些技术战略联盟共同组成了全球型技术成长模式。全球型技术战略联盟特点是超越国界的全球性定位、并且对参加联盟的各方都有利，即有利于实现"共赢"。

实际上，现阶段的社会主义中国技术成长模式就是发展中国家全球型技术成长模式的典范。近二十多年来，社会主义中国始终顺应"和平与发展"的世界历史潮流，在对外开放的过程中不断把自身利益与世界各国利益融合在一起，与世界各国在包括技术等各个领域的合作与交流日益密切。重视科学技术的发展，始终坚持"科学技术是第一生产力"的思想，不断通过各种途径引进国外的先进技术，同时重视自身技术创新能力的提升如正在不断完善国家创新系统。积极参与经济全球化，不久前还加入 WTO，通过这种全球型技术成长模式使自身技术得以不断成长。

总之，全球化时代，每一个国家都必须在全球技术发展一体化的过程中来把握自身的技术成长，发展中国家更要使自身的技术发展融入全球化的浪潮中去。可见，全球化进程中，任何企图自以为是的、以自我为中心的技术成长模式都是不现实的，只有依照全球型技术成长模式，发展中国家才能最大限度地使自己的技术成长起来。

发展中国家技术成长历程的新探索[*]

一、发展中国家的技术依附阶段

在发展中国家的技术依附阶段，由于发达国家在很多先进技术方面具有绝对优势，因此在发展中国家进行技术贸易、技术合作、技术交流等方面，发达国家拥有绝对的主动权，而发展中国家则处于被动的、依附性的状态。目前，由于在广大的亚非拉等地区，处于技术依附阶段的发展中国家仍然不少，因此，研究这一技术成长阶段，对这些发展中国家的技术成长仍然具有现实意义。

（一）我们考察了技术依附阶段发展中国家的技术成长的表现。在技术依附阶段，发展中国家的技术成长，对发达国家具有强烈的技术依赖性，其主要表现可归纳为如下几个方面：其一，在技术贸易领域中，发展中国家与发达国家在进行技术贸易过程中，由于发达国家对技术拥有绝对的知识产权，因而发达国家在贸易过程中往往维持技术的垄断价格，发达国家还对转让的技术附加诸多限制性条款，而且对关键性的核心技术很少转让。由于发展中国家技术基础非常薄弱，所以非常需要引进技术。这样，发展中国家往往很难摆脱对西方发达国家的依附。其二，在技术合作领域中，发展中国家在与发达国家进行技术合作过程中，也往往处于依附性的从属地位。由于发展中国家的技术水平较低，因此在技术合作过程中，发展中国家在分工中所从事的一般是技术含量低的下游工作，而技术含量高或核心技术的上游工作，一般由发达国家所垄断。所以，发展中国家在技术合作领域仍然受制于发达国家。其三，在技术交流领

---

* 本文发表于《科学管理研究》2002 年第 4 期。

域中，在国际技术交流过程中，发达国家仍然处于技术霸权地位。例如，一般来说，国际性的高水平技术研讨会或者高新技术信息发布会，往往为发达国家所垄断，而发展中国家往往很少有机会出席会议获得技术信息。其四，在技术研发领域中，发展中国家仍然处于依附地位。发达国家在技术的研发领域往往处于领先地位，发展中国家与之差距很大。因此，发展中国家往往大量照搬或直接运用发达国家研究开发技术的路线，而不论其是否适合本国国情，也不论其是否可靠或已经成熟，这实际上也是一种技术依附。其五，在技术人才方面，发展中国家非常缺乏技术人才，往往需要从发达国家引进技术人才来完成一些重大技术项目或从事重要的科学研究。因此，在技术人才方面，发展中国家也存在着对发达国家的依赖。

（二）**根据技术依赖阶段发展中国家技术成长的表现，我们总结了技术依附阶段发展中国家技术落后的原因**。在技术依赖阶段，发展中国家技术落后、处于依附地位的原因，可归纳为如下几个方面：其一，发展中国家的技术基础较弱。在技术依赖阶段，发展中国家一般都是刚刚获得民族国家独立自主，由于长期处于半殖民地或殖民地状态，因此在自主知识产权的技术方面，非常薄弱甚至是一片空白。其二，发展中国家的技术创新能力较弱。在技术依赖阶段，由于发展中国家缺少技术应有的基础和人才，并且研究性技术机构也不健全，缺少应有的技术体系和技术激励措施，因此技术创新能力必然十分薄弱。其三，发达国家实行技术保护主义。发达国家实行严格的技术保护主义，发展中国家要花费很大的代价才能获得所需要的技术，而且还要听从其规定的一些附加条款。并且由于发达国家实行技术保护主义，发展中国家很难从发达国家获得核心技术。其四，发展中国家的技术体制不健全。在技术依附阶段，发展中国家的技术体制不够健全，没有一套有效的技术管理体制，技术的研究开发及技术成果的转化、技术专利的保护基本处于自发或无序状态。

（三）**在分析了技术依赖原因的基础上，我们提出了技术依附阶段发展中国家应选择的技术成长路径**。在技术依赖阶段，发展中国家应该选择有效的技术成长路径，以尽快地促进技术成长，尽可能地缩短这一技术成长阶段。我们认为在技术依赖阶段，引进型技术成长路径是发展中国家应该选择的最有效技术成长路径，所谓引进型技术成长路径，就是在发展中国家技术依附的状态下，发展中国家为了缩短与发达国家之间的技术差距，而引进发达国家先进的技术设备，借鉴发达国家的技术成长路线，模仿发达国家的技术成果，吸取发达国家的技术经验，来发展本国技术的一种路径。引进型技术成长路径主要包括如下几个方面内容：其一，大力引进适用技术和先进技术，以奠定发展中国家技术成长的基础。因为发展中国家的技术跨越很大程度是"归功于中心国家的技术转让为其开辟的'捷径'"。[①] 发展中国家引进的技术主要包括"硬件"设备和"软件"技术等方面的技术，这样可以尽快地建立起自己较为先进的企业生产线，为国民经济发展奠定技术基础。在引进技术的同时，要注意充分消化、吸收，如果有能力还可以适当地进行技术创新。还要注意技术引进途径的多元化，并采取多种优惠政策鼓励技术引进，如可以对先进技术和设备采取减免税收政策等。其二，要通过发展自己的技术研发体系，逐步摆脱对发达国家的技术依附。虽然引进型技术成长路径重视技术引进的作用，但是它也认为发展中国家不能将自己的技术研发体系建立在引进的基础上，那样只会永远"受制于人"，只有逐步建立起自己的技术研发体系，才能逐步摆脱对发达国家的技术依附。其三，使技术上的"被动依附"转变为"主动依附"。引进型技术成长路径认为，在技术依附阶段必须使发展中国家从技术的"被动依附"状态转变为"主动依附"状态。所谓技术的"被动依附"主要指发展中国家在技术引进等方面上受到发达国家的控制；而所谓技术的"主动依附"就是指发展中国家通过采取一定的措施使原来受制于发达国家的状态转变为主动的"牵制"发达国家。比如可以运用博弈论基本原理与发达国家在技术方面进行斡旋。其四，广大发展中国家之间要建立广泛的技术合作联盟。引进型技术成长模式认为，发展中国家建立技术合作联盟是摆脱对发达国家技术依附的重要途径。发展中国家之间通过技术合作，可以相互取长补短，而且还可以共同制订一些政策来共同对付发达国家的技术霸权行为。其五，要采取措施尽可能缩短这一时期。引进型

---

① 傅利平：《从后发优势看我国的技术引进》，《天津大学学报（社会科学版）》，2002 年第 2 期。

技术成长路径认为，发展中国家必须采取措施，尽可能地缩短技术依附阶段的时间长度。缩短这一时期，将会使发展中国家能够尽快进入下一个技术成长阶段，这样必将有利于发展中国家的技术成长。

二、发展中国家的技术追赶阶段

发展中国家的技术在经历了技术依附阶段的初步成长与发展之后，必然要求尽快在技术上摆脱落后和依附的状态，这就决定了发展中国家必然要通过技术追赶的方式来实现技术成长。我们把发展中国家在技术依附阶段使技术初步获得发展的基础上，主动寻求新途径发展技术的阶段，称之为技术追赶阶段。

（一）**我们测度了技术追赶阶段发展中国家技术成长的现状。** 在技术追赶阶段，发展中国家的技术成长主要表现为如下几个方面：其一，技术有了一定的发展，但与发达国家仍然有较大差距。发展中国家的技术在这一阶段得到了很大的成长，有了一定发展，但是由于其基础比较薄弱等原因，所以，与发达国家的技术差距仍然很大。其二，技术管理政策和体制得到进一步完善。发展中国家的政府通过宏观调控，使自身的技术管理政策和体制得以进一步完善。在技术管理政策方面，发展中国家逐步建立起保护专利和激励创新等机制，鼓励技术引进、技术研究开发和创技术新等；在技术管理体制方面，逐步明晰了政府与各类技术型企业、科研机构和研究型大学等之间各种技术管理关系。其三，技术创新虽然逐步开展，但是技术创新的力度仍然不够。由于缺少有较好的技术设施、技术人才和技术管理机制，所以技术创新进展的程度还不够，技术创新还只是局限在某一些技术领域内，需要在更广泛的技术领域内进行技术创新。其四，从引进"硬件"技术设备逐步转为引进"软件"技术。技术引进是发展中国家技术成长的重要路径，但是发展中国家逐步从引进"硬件"技术设备转变为引进"软件"技术，是技术获得成长的重要表现。

（二）**在考察了这一阶段发展中国家技术成长主要表现的基础上，我们进一步归纳了技术追赶阶段发展中国家技术成长不足的原因。** 在技术追赶阶段，发展中国家在技术上与发达国家仍然有很大差距，其主要原因归纳为如下几个方面：其一，发展中国家的技术基础仍然不够坚实。虽然在技术追赶阶段，发展中国家技术虽然得到进一步的成长，但是由于技术基础仍然较弱，所以发展中国家与发达国家在技术上差距仍然很大。其二，发达国家的技术保护主义仍然很严重。发展中国家在技术上经过追赶，虽然有了明显成长，但是由于发达国家的技术保护主义很严重，所以发展中国家在获取一些关键技术时，仍然有很大困难。其三，发展中国家的技术成长路径不够合理，有待进一步调整。发展中国家的技术成长路径对于其技术成长具有很大的影响。在发展中国家技术成长的不同阶段，应选择不同的技术成长路径。如果没有选择一个比较适合自己的技术成长途径，那么发展中国家的技术成长就不会有一个快速、高效的结果。由于上一个阶段技术成长的路径往往在惯性的作用下，仍然会在下一个技术成长阶段存在，因此在每一个新的技术成长阶段都必须主动选择一个比较适合自己的技术成长路径。目前，许多发展中国家技术成长速度缓慢，和其没有主动或没有正确选择技术成长的路径有着非常密切的关系。其四，发展中国家的研发经费投入不足。发展中国家的研发投入普遍存在不足的情况，这必然会给发展中国家的技术成长带来负面影响。例如中国 1995 年的研发经费占 GNP 的比例仅为 0.5%，而美国和日本等发达国家的研发经费则占其 GNP 比例的 3% 左右。而在全世界每年用于研发的资金中，发达国家至少占了 95%，而发展中国家仅占不到 5% 的比例。其五，发展中国家普遍缺乏技术人才。例如 1997 年中国科技活动人员为 288.6 万人，科学家和工程师为 166.6 万人，分别占从业人员的 0.41% 和 0.24%，而发达国家科技人才则远远超出中国。据统计，在一些发达国家每万名劳动者中仅大学以外的科学家、工程师人数就大大超出了中国，如美国 1992 年有 298 人，是中国的 12.4 倍；日本 1990 年有 380 人，是中国的 15.8 倍。

（三）**在归纳了技术追赶发展中国家技术成长原因的前提下，我们进一步研究了发展中国家成长的路径选择。**在技术追赶阶段，发展中国家技术成长的主要任务，就是要在技术引进的基础上不断实现技术创新，以研究开发出更多具有自主知识产权的、先进的技术专利，以促进技术快速、高效地发展。在技术追赶阶段，发展中国家技术成长的压力很大，因此要尽快实现技术自主、自立的目标，就必须选择正确的技术成长路径。我们认为，在这一阶段，最适合发展中国家技术成长的路径是跨越型技术成长路径，它基本体现了发展中国家技术追赶的"后发优势"。所谓跨越型技术成长路径，是指发展中国家在全球技术特别是发达国家技术普遍先进的条件下，通过在技术引进、消化和吸收基础上的技术创新，跨越技术发展的某些阶段，以实现技术快速发展与成长。在技术跨越的基本含义上，我们基本赞同徐冠华同志的判断："技术跨越发展是在借鉴发达国家发展经验的基础上，集成自主创新和国外先进技术，跨越技术发展的某些阶段，直接应用、开发新技术和新产品，进而形成优势产业，提高国家的综合国力和国家竞争力"。另外，特别要提出的是，使自身的技术成长融入全球技术的共同发展之中，使自身成为全球技术一体化不可分割的一部分，是处于后发状态的发展中国家实现跨越式技术成长的重要前提。正是由于全球或发达国家的技术成长不具跨越性，是连续性的发展，并且始终保持先进性，才能使得发展中国家获得技术跨越具有现实可能性。全球化及发达国家的技术先进性是跨越型技术成长路径可行性的外部环境条件；发展中国家选择技术跨越路径还需要满足必要的内部条件，如有效的技术创新能力、大量的专业技术人才、健全的技术管理体系等。只有在外部环境合适、内部条件满足的条件下，发展中国家才能顺利选择跨越型技术成长路径。跨越型技术成长路径的主要内容，可以归纳为如下几个方面：其一，重视技术创新，技术创新是发展中国家实现技术跨越性成长的根本保证。发展中国家在技术追赶阶段，最重要的就是要在技术引进的基础上消化、吸收，并不断实现技术上的"二次"创新。其二，在技术引进方面，要以引进"软件"技术为主，较少地引进"硬件"技术设备。在政策上特别要对引进的"软件"技术提供减免税收的优惠政策，还要逐步建立知识产权保护制度以有效保护引进技术的知识产权等。其三，在技术管理政策方面，制订了更加完善的技术激励和技术管理政策，建立了国家技术创新系统，在物质和精神两个方面来鼓励技术成长。因为跨越型技术成长，不仅是技术创新的结果，同时也是制度、组织创新等共同的结果。其四，在技术人才方面，培养和引进更多的技术人才，使他们能够将其专业技术运用到研究和开发过程中去，以促进发展中国家的技术成长。拥有大量高级的技术型人才是技术跨越的重要条件。其五，加大了对研究和开发的经费投入。发展中国家只有在财力上给予足够支持，研发机构才能创造出更多的技术成果。可见，足够经费是发展中国家技术跨越的良好条件。其六，特别值得指出的是，在获取技术资源方面，跨越型技术成长路径强调，发展中国家可通过与其他国家或全球性组织组建技术战略联盟获取更多的技术信息，以促进自身技术更快地成长。发展中国家组建技术联盟，主要包括如下几个方面的内容：（1）发展中国家之间组成的技术战略联盟。发展中国家的技术水平虽然总体上并不很高，但是可以互相取长补短，互相学习，因为每个发展中国家并不是在所有的技术领域内都落后。发展中国家技术战略联盟的形式可以是多样的，如可以组织地区性、课题性和行业性技术战略联盟等。（2）发展中国家与发达国家之间组成的技术战略联盟。这种技术战略联盟一般是以双边技术合作的形式而订立的。（3）发展中国家与国际性组织组成的技术战略联盟。这种技术战略联盟是发展中国家为了发展技术而与国际性经济、科技和政治组织订立的。（4）发展中国家与跨国公司之间组成的技术战略联盟。跨国公司控制着大量高新技术，发展中国家可以通过与它订立联盟的形式获得一些自身发展所需要的技术。当然还有其他形式的技术战略联盟。发展中国家的这些技术战略联盟的最大优势在于能够促进发展中国家实现"跨越式"的技术追赶。发展中国家组建技术战略联盟非常具有现实性，因为它具有超越国界的全球性特征、并且对参加联盟的各方都有利，即有利于实现"共赢"。

总之，在目前的全球化时代，每一处于技术追赶阶段的发展中国家都必须在全球技术发展一体化的过程中来把握自身的技术成长，要使自身的技术发展融入全球化的浪潮中去。因为，在全球化条件下"知识和人才充分流动，国际贸易发达，发展中国家容易获得先进国家的技术，包括在具有一定技术能力的前提下进口较先进的技术，并能迅速形成生产力"。可见，在全球化进程中，对广大处于技术追赶阶段的发展中国家来讲，任何企图自以为是的、以自我为中心的技术成长路径都是不现实的，只有遵循跨越型技术成长路径，发展中国家才能最大限度地使自己的技术成长起来。实际上，现阶段的社会主义中国技术成长路径就是发展中国家跨越型技术成长路径的典范。正如江泽民同志在中共十五大报告所指出的：我国是发展中国家，更加重视运用最新技术成果，实现技术发展的跨越。的确，近二十多年来处于技术追赶阶段的社会主义中国，始终顺应"和平与发展"的世界历史潮流，在对外开放的过程中不断把自身利益与世界各国利益融合在一起，与世界各国在包括技术等各个领域的合作与交流日益密切。重视科学技术的发展，始终坚持"科学技术是第一生产力"的思想，不断通过各种途径引进国外的先进技术，同时重视自身技术创新能力的提升，如正在不断完善国家创新系统。

三、发展中国家的技术超越阶段

发展中国家的技术超越阶段，就是指发展中国家在技术追赶的基础上，通过技术创新等方式而摆脱了发达国家技术上的奴役与控制，超越了自身技术落后的局面，最终实现了在技术上独立自主的阶段。可见，技术超越阶段也就是发展中国家实现了自身的技术解放阶段。目前，达到技术超越阶段的发展中国家还很少，几乎没有，但是这一阶段的实现并不是神话，它必将伴随发展中国家的技术成长而最终到来。

在技术超越阶段，发展中国家在技术上真正实现了独立自主，在国际上具有很强的技术竞争力。可见，发展中国家技术超越实际上是"双重超越"，它具体表现为发展中国家在技术上实现了对发达国家技术霸权和发展中国家自身原有的技术落后状态的"双重超越"。

（一）我们设想了在技术超越阶段发展中国家技术成长的表现。在技术超越阶段，发展中国家技术成长主要表现为如下几个方面：其一，具有先进的技术水平。发展中国家技术得到很大发展，达到了与发达国家相当的技术水平。其二，具有很强的技术创新能力。发展中国家的技术经过长期的发展，已经拥有相当坚实的技术基础，先进的技术设备，高效的管理体制，大量的高级技术人才，因而具有了很强的技术创新能力。其三，具有完善的技术管理体制。完善的技术管理体制是发展中国家技术高速、高效成长的根本保证。其四，在国际技术交往过程中，拥有与发达国家的平等地位。在国际技术交往过程中，发展中国家取得了与发达国家平等的地位。发展中国家与发达国家的技术贸易、技术交流与合作，体现了平等互利的市场原则。

（二）在构想了发展中国家技术超越主要表现的基础上，我们猜测了发展中国家实现技术超越的原因。发展中国家实现技术超越的原因，可主要归纳为如下几条：其一，发展中国家的政府在发展中国家技术成长过程中发挥了很大的作用。可以认为，没有发展中国家政府的有效技术管理，就没有发展中国家的技术超越。其二，发展中国家多年来通过不断培养和引进人才，使本国技术成长获得了大量高级专门技术人才。这些技术人才通过投身于科学技术的研究开发等，不断取得大量技术成果，为发展中国家的技术超越奠定了坚实基础。其三，发展中国家持续不断地、广泛地进行技术创新。技术创新的持续不断性和广泛性是发展中国家技术超越的关键因素。如果没有长期的广泛的技术创新，仅仅凭借依靠从发达国家引进技术是无法实现技术超越、技术解放的。其四，发展中国家有很好的技术成长机遇。全球化是发展中国家非常好的技术成长的机遇，有利于其实现技术超越。全球化使国际技术转移更加频繁、更加广泛。

（三）在测度了发展中国家技术超越原因的前提下，我们进一步预测了技术超越阶段发展中国家的技术成长路径的选择。 在技术超越阶段，发展中国家在技术方面已经具有了很强的实力，因此其所采取的技术成长策略也相应有所改变。我们认为，这一阶段发展中国家所采取的最有效的技术成长路径为创造型技术成长路径。所谓创造型技术成长路径是指具有较高技术水平的发展中国家，不再循着发达国家的技术成长路线，而是根据自己国家特殊情况，制订自己独特的技术成长路线，以达到持续发展本国技术的目的。不断创造新技术对发展中国家的确很重要，正如江泽民同志所说：创新是一个民族进步的灵魂，是国家兴旺发达的不竭动力；一个没有创新能力的民族，难以屹立于世界先进民族之林。我们认为，创造型技术成长路径应主要包括如下内容：其一，积极参与高水平国际技术交流与合作，以获得更多的技术信息。因为积极参与国际技术交流与合作是消除发展中国家与发达国家之间长期存在的弱势与强势"二元对立"状态、维护二者在技术关系方面的良好状态、确保发展中国家拥有较高技术水平和实现国际技术均势状态的重要途径。其二，必须持续不断地进行技术创新。因为技术创新是创造型技术成长路径的坚实基础。其三，寻求建立国际技术交往的新秩序，是发展中国家创造型技术成长路径的重要内容。因为国际技术交往新秩序的建立有利于发展中国家在更加公正、合理的国际环境中更广泛地参与国际技术交流与合作，也有利于发展中国家获得更多的技术资源等。

当然，目前多数发展中国家还不具备实现技术超越的实力，技术超越的实现必然需要发展中国家经过技术依附、技术追赶等阶段的较长时期发展。因此，技术超越对多数发展中国家来说，目前还只是一种具有现实可能性的理想。

四、小结

通过以上分析，可见对于发展中国家技术成长历程的研究，具有非常重要的现实意义。因为，所有发展中国家包括社会主义的中国，都只有在了解技术成长必须经历一个较长时期的过程，并为自己国家的技术成长确定所处的阶段之后，才能制定旨在促进本国技术成长的、具有针对性的技术政策。同时，还需要指出的是，发展中国家的技术成长过程虽然可以划分为三个历史阶段，但是，其中的每个阶段以及整个技术成长周期都是可以缩短的，而并不是僵化的、一成不变的。因此，在发展中国家技术成长的实践过程中，应该不断探求新的技术成长路径，以促进发展中国家的技术尽快成长起来。

发展中国家技术引进有效性
不足的原因及对策*

多年来，发展中国家一直在试图通过技术引进的方式，来提高自己的科学技术水平。虽然技术引进为发展中国家的技术进步起到了很大的促进作用，但是在技术引进过程中仍然存在着有效性不足的问题。我们将技术引进的有效性界定为，发展中国家引进的技术没有发挥应有的作用和价值，没有实现预期的经济和社会效益的目标。

一、发展中国家技术引进有效性不足的主要表现

发展中国家技术引进有效性不足总体上表现为其技术水平与发达国家的差距仍然很大。如在电子信息技术方面、计算机软硬件方面、新材料新能源技术方面等。多年来，发展中国家推行技术引进虽然有许多原因，包括发展中国家自己的科技实力薄弱、资金欠缺、人才匮乏等原因，但其中重要的一条原因就是技术引进的有效性不足。技术引进的有效性不足造成了发展中国家在技术水平上没能迅速追赶上发达国家。

在技术引进基础上的消化、吸收与"二次创新"不能顺利实现，过去发展中国家引进技术的重点往往是机器设备等硬件技术，现在比较重视软件技术的引进，但是仍然没能很好地在引进的技术基础上进行"二次创新"，在一定程度上和相当范围内存在着"引进——落后——再引进"的恶性循环。① 这与引进的技

---

* 本文发表于《科技进步与对策》2002 年第 10 期。

① 李志军：《当代国际技术转移与对策》，中国财政经济出版社 1997 年版，第 38 页。

术针对性不强、发展中国家的科技水平落后、科技人才匮乏等方面有密切关系。

（一）**引进技术的代价太大**。发展中国家为了引进先进的技术设备往往不惜花费巨大代价，除了需要巨额资金，有时还要在政治等方面做出很多让步等，但引进技术的结果往往得不偿失。除此之外，技术重复引进和低水平技术引进的情况也很多，在彩电、冰箱、洗衣机等行业尤为突出，给发展中国家造成了巨大的浪费。

（二）**引进技术的适用性不强**。以往一些发展中国家在技术的引进上往往没有充分估计到其是否适合本国国情，只是片面地看到了其在发达国家的巨大效益，而没有考虑到发展中国家自身的经济实力、技术水平、管理方法以及社会观念，结果造成一些引进的技术被闲置，无法有效利用其价值，给发展中国家造成了很大损失。这根本上是由于没有科学决策、盲目性大、缺乏合理的技术评估、项目可行性研究不够等原因造成的。

（三）**引进技术的先进程度不够**。发展中国家引进的技术很多都算不上是高新技术，大多是发达国家年代的技术，其总体表现为：对一般技术引进过多，对高新技术引进较少；对硬件设备引进太多，对知识产权方面的软件技术、管理技术引进不够。发展中国家引进的技术结构中，高精尖技术比例较低，低水平技术比例较大。这主要是由于发展中国家自身经济、技术实力薄弱，加上在引进技术过程中过于盲目，对技术的先进程度不能充分把握，以及西方发达国家实行技术保护主义，对先进技术实行垄断与控制，故而发展中国家引进的技术往往先进程度不够，引进的技术多为西方发达国家产品成熟期之后的、甚至是其淘汰的技术。

二、发展中国家技术引进有效性不足的原因

（一）**技术引进的制度不够完善**。发展中国家技术引进的政策环境，还不十分成熟；在一些具体的引进环节上有很多漏洞，没有形成一个统一的具有权威性的宏观管理体制，没有很好地协调和管理技术引进，致使很多地方和企业处于无序的多头引进状态，造成了重复引进、低水平引进和不具适用性的技术引进后果，给发展中国家带来了巨大浪费。

（二）**技术引进主体不明晰**。企业作为技术引进主体的角色还不是十分明确，表现为政府作为技术引进的宏观政策调控者，对于技术引进干预过多，因此往往导致引进的技术并不能符合企业自身的需要。加之原有传统的经济体制的痕迹没有而且也不可能在短时期内消失，技术引进的很多计划往往还要受到政府限制，使企业等技术引进主体在一定程度上比较缺乏技术引进的自主权。

（三）**技术引进的有效途径不多**。技术引进模式比较陈旧，没有寻求到更多的引进技术的有效途径。这也是造成发展中国家技术引进有效性不足的原因。原有通过引进生产线和技术设备、许可贸易等途径，无法再满足发展中国家在经济和社会发展过程中对于先进技术的需求。发达国家的高新技术是不断涌现出来的，获取发达国家最先进的技术又有很多壁垒，因此必须寻求新的技术引进模式，才能满足发展中国家对于高新技术的需求。

（四）**国际上的技术保护主义**。发达国家为了维护其对高新技术的垄断和获取高额利润，而实行技术保护主义，使发展中国家很少有获取非常先进和尖端技术技术的机会。发达国家关于限制技术转移的法律、法令和条例等知识产权制度，往往会成为其进行技术垄断、实行技术保护主义的工具。如美国就经常会引用《国家安全法》《出口管制法》等，对国际技术转移进行干预；发达国家的跨国公司也实行严格的技术保护主义。即使许多在发展中国家设立子公司的跨国公司亦不会轻易转移技术，而是利用其掌握的技术作为剥削和控制发展中国家的手段。

三、解决发展中国家技术引进有效性不足的对策

（一）**进一步完善技术引进制度**。要解决技术引进有效性不足的问题，发展中国家必须深化改革，进一步完善技术引进的制度。建立健全法律制度，完善基础设施，为技术引进提供良好的软、硬两种环境；制定优惠政策，提供资金支持，从经济上为技术引进创造良好的政策环境；加强对技术引进的管理，对引进的一些重大技术项目直接进行干预；对技术引进进行监督，协调各方面的关系，强化政府服务功能。正如美国学者曼库尔·奥尔森所指出的，"不需要耗费大量的资源，聪明而坚决的公共政策本身就能大大增进经济繁荣与社会效

益。"可见，只有从根本上改变技术引进的体制，在引进管理方面加强协调与统一，打破地方分割，克服因地方或个别企业利益而产生的重复引进现象，制定更多符合技术引进规律的政策，发展中国家才能获得更多、更先进的国外先进技术。

（二）确立企业的技术引进主体地位。目前，造成技术引进有效性不足的一条重要原因是技术引进主体不够明晰。因此，必须进一步深化经济体制改革，充分调动企业的积极性，使企业真正成为技术引进的权利主体。政府不要过多地用行政手段干预技术引进主体的决策。因为作为技术引进主体的企业总会按照自己的需求和市场规律自主决策，引进符合自己要求的技术。而政府的主要功能应是在市场经济体制框架中发挥宏观规划、调控和服务的作用。可见，企业作为引进主体地位的确立是消除盲目引进和低水平引进，提高技术引进有效性的重要途径。

（三）对要引进的技术做好技术评估。以往，发展中国家在引进技术时由于没有充分作好技术的评估，盲目引进了国外的一些淘汰技术或者不适合本国发展的技术，给本国造成了很大损失。因此，在技术引进之前对引进的技术项目要作好"可行性研究"，技术引进的评估机构与技术引进审批等机构之间要注意协调，以充分把握引进技术的经济效益，这样才能符合发展中国家的利益需要。一般认为，技术引进的标准应是：引进的技术应比较先进，能够带来较大的经济效益；同时这些技术也符合发展中国家的现实状况，具有适用性。

（四）寻求新的技术引进模式途径。技术引进途径单一化会给发展中国家的技术发展带来很多弊端，正如国内学者李志军所言："坚持技术转移多渠道才能左右逢源，若技术转移渠道单一，必受人牵制"，所以发展中国家必须寻求新的技术引进途径。我们认为，当前比较适合发展中国家的新的技术引进途径有：其一，当前发展中国家的政府部门和大型企业集团可以在西方发达国家的高技术密集和人才聚集的地区设立研究和开发机构。如在美国的硅谷、日本的筑波科技城以及欧洲国家的一些高科技区设立研究机构，这样既可以引进技术，又可以招纳高新科技人才。韩国的"韩国科技院""标准化研究所""电子通信研究所"等在美国、日本、西欧等发达国家设立了分支机构，与当地科研机构加强合作，获得了很多高新技术。其二，发展中国家可以设立更多的从事技术转移的中介服务机构。从事国际技术合作和技术转移的活动。其三，发展中国家的企业可以通过与发达国家跨国公司或技术先进的企业建立技术战略联盟关系，以技术合作等方式获取高新技术。一些大型的发展中国家企业甚至可以通过收购或兼并西方发达国家的企业方式，以获得其先进的技术。

（五）重视科技人才。科技人才可以在引进的技术基础上实现技术创新，科技人才是解决技术引进有效性不足的关键，能有效提高技术引进的效率。但是，目前，发展中国家的科技人才流失十分严重，因此发展中国家要解决技术引进不足问题，必须足够重视科技人才。不仅要留住本国培养的科技人才，而且要善于引进国外的优秀科技人才。这就需要给科技人才比较优厚的待遇，实行一定的激励措施，在政策上对他们实行一定倾斜。以韩国政府为例，他们为科技人才提供了优厚的待遇，设立了科技基金，提供科研赞助，奖励留学人才回国，还聘请和引进外国专家。这些人才政策为韩国技术引进和发展起到很大作用。

（六）重视技术引进基础上的消化、吸收和"二次创新"。基于技术引进基础上的技术创新很重要，可以说能否实现技术创新是技术引进成功与否的一个重要标志。只有对引进的技术进行消化、吸收，才能真正地掌握引进的外国技术，而在此基础上进一步实现技术创新，则是进一步扩大技术引进的等级和规模，有效体现引进技术价值，实现技术引进进入良性循环的重要环节。日本技术的迅速发展就是由于能够在技术引进的基础上消化、吸收和进行二次技术创新。以电视机技术发展为例，日本的索尼公司和松下公司就是在引进美国电视机技术的基础上进行模仿，从而进行二次创新，使其产品在性能、质量、成本等方面均优于美国产品。日本至今在电视机技术方面，仍保持世界领先水平。因此发展中国家可以采取产、学、研结合等方式，在对被引进技术进行消化、吸收的基础上，实现"二次创新"。

（七）把握科技全球化契机。科技全球化使技术的流动性日益加强。高技术产品、科技人员、科技研发机构等资源可以更加自由地在全球范围内流动。随着全球一体化趋势的加强，发展中国家越来越成为高技术研究和开发的基地，特别是东亚一些国家和地区日益成为技术投资的热点。其他许多发展中国家如印度也日益成为软件研发基地。可见，科技全球化给发展中国家的技术引进带来了莫大机遇，发展中国家必须要把握住科技全球化的契机，加速发展自己的科技事业。

发展中国家政府在国际技术
转移中的效用[*]

国际技术转移是技术要素在国际流动的基本形式，它对于促进世界各国的技术成长起到了很大作用，因此在世界范围内广泛受到重视。国际技术转移一般包括技术引进和技术输出两个方面。由于发展中国家技术相对落后，在国际技术转移中其主要从事的是技术引进活动，较少进行技术输出，因此发展中国家政府的效用也就主要是在技术引进过程中体现出来的。

一、发展中国家政府在国际技术中转移中的表现

近年来，发展中国家政府在国际技术转移中已经发挥了很多积极的作用，并且在国际技术转移过程中始终担当着重要的角色。这主要是由于发展中国家政府在自身技术成长过程中，逐步认识到"穷国与富国以及穷人与富人之间的差别不仅在于穷国和穷人获得的资本较少，而且也在于他们获得的知识较少"。因此，发展中国家政府力图通过国际技术转移，引进先进技术，提高自己的生产力水平、增强自己的经济实力。发展中国家大都将引进先进技术作为一项重要的政策。在技术成长的实践过程中，发展中国家通过多种形式的国际技术转移如引进先进技术设备、专有技术许可、进行技术合作和跨国公司的直接投资等方式，在消化、吸收国外先进技术的基础上，进行技术创新和技术扩散，的确使国家整体技术水平有了很大程度的提高，经济发展速度也有所加快，可见国

* 本文发表于《中国科技论坛》2003 年第 2 期。

际技术转移是促进经济发展、增强国力的一条捷径。为了提升本国的技术水平，在国际技术转移过程中发展中国家政府主要在如下几个方面发挥了重要作用。

担当国际技术转移的桥梁纽带。发展中国家政府一贯重视国际技术转移，积极促进本国企业从发达国家的跨国公司引进先进技术，担当了国际技术转移的桥梁纽带，并为之提供许多优惠政策如减免税收、提供财政补贴等。还经常组织本国的各类企业到发达国家开展科技项目需求发布会或者邀请外国的先进企业或跨国公司到本国来开展科技项目展示会等活动，积极开展各种活动或者创造各种机会，来帮助本国企业获得先进技术。可见，发展中国家政府为企业间的国际技术转移活动提供了许多必要的服务。

对国际技术转移的知识产权保护。国际技术转移活动经常会涉及诸多知识产权保护问题，因此发展中国家政府逐步完善了与国际技术转移相关的知识产权保护法，严厉打击各种侵犯知识产权的行为。例如，中国政府在加入 WTO 以后，就不断完善知识产权保护法，使之与国际准则接轨，为国际技术转移活动的开展提供了更完善的法制环境。为跨国公司直接投资提供良好的软硬环境跨国公司直接投资是国际技术转移的重要途径，正如保罗·斯通曼所认为，"尽管许可证安排这种国际技术转移方式仍在使用，但是，投资已经成为最重要的技术转移的制度安排"。[①] 因此发展中国家政府采取的大力吸引跨国公司直接投资的优惠政策比如减免税收等措施，必然会使大量先进技术被转移到发展中国家。发展中国家政府还大力进行基础设施建设，在交通、通信和信息技术等方面有很大改善，为跨国公司的直接投资提供较好的基础设施环境。政府甚至还在全国各地设立许多开发区，专门为吸引跨国公司直接投资提供特殊的、优良的小环境。近年来，发展中国家政府还大力发展中等和高等教育，培养了大批科技人才，为跨国公司直接投资提供了良好的人力资源环境。支持国际技术合作国际技术合作有利于发展中国家获得发达国家的先进技术，因此发展中国家政府大力支持国际技术合作。鼓励各种官方或民间的国际技术交流活动，支持科研院校与外国相关部门进行技术合作研究，还支持本国企业从外国引进技术合作项目，以改造和提升企业的技术与设备。发展中国家政府甚至还愿意为国际大

---

① 保罗·斯通曼：《技术变迁的经济分析》，牛津大学出版社 1983 年，第 120 页。

型学术会议和技术交流会提供资金支持等。

促进国际科技人才流动。为了促进国际科技人才流动，发展中国家政府制订了引进外国先进科技人才的政策，为促进科技人才的全球流动提供了很多优惠条件。近年来，高科技人才纷纷到政策优惠的发展中国家进行创业活动，为发展中国家带来先进技术，促进了发展中国家的技术成长。鼓励引进关键性和共性技术。发展中国家政府对关键性和共性技术引进，采取了重点扶持的形式。选择了那些在国民经济中发挥着重要作用的产业技术，集中力量、重点引进。对产业共性技术的引进重点进行支持，还在基础性和关键性技术引进的基础上，组织消化、吸收和创新。并且相对集中了一定的财力，引导和支持关系到产业升级和高新技术产业发展的全局性和基础性领域的技术引进工作，有利于发展中国家实现跨越式的技术进步。在具体工作中，发展中国家政府还相对集中财力引进了一批促进产业结构优化升级的共性、关键性技术，对突破产业结构瓶颈，为产业结构优化和升级提供了强大的技术支撑。还抓住机遇引进了一些关系到国计民生和国家安全的关键性技术、对调整产业结构有重大影响的高新技术，在部分产业领域实现了跨越式发展，逐步形成发展中国家的高技术产业的集群优势，并鼓励和支持企业对关键技术和共性技术进行引进、消化、吸收和创新。具体看来，主要是有选择地加强了对信息技术、生物工程和新材料等高新技术产业领域的技术引进，并在技术引进的基础上，促进了电子、通信和网络等高新技术的开发和创新，提高产品研发和设计水平，降低成本、提高效益、扩大规模、提高产品的科技含量。

二、发展中国家政府在国际技术转移中的效用不足

在国际技术转移过程中，发展中国家政府虽然已经发挥了很多积极的作用，但是由于种种原因，政府有效性的作用依然没有充分发挥出来，主要表现在如下几个方面：

技术引进制度不完善。造成发展中国家政府在国际技术转移过程中作用有效性不足的原因有很多，根本原因是由于其国际技术转移体制特别是技术引进的体制改革不够彻底，技术引进的制度不够完善；技术引进的政策环境还不十

分成熟；在一些具体的引进环节上也有很多漏洞，没有形成一个统一的具有权威性的宏观管理体制，没有很好地协调和管理技术引进，致使很多地方和企业处于无序的多头引进状态，造成了重复引进、低水平引进和不具适用性的技术引进后果，给发展中国家带来了巨大浪费。

引进技术的适用性不强。引进技术的适用性不强是发展中国家政府在国际技术转移过程中作用不足的又一重要表现。以往一些发展中国家引起的技术往往没有充分估计到其是否适合本国国情，而只是片面地看到了其在发达国家具有很大效益，而没有考虑到发展中国家自身的经济实力、技术水平、管理方法以及社会观念是否适合被引进的技术，结果造成一些引进的技术被闲置，无法有效利用其价值，给发展中国家造成了很大损失。根本上是由于没有科学决策、盲目性大、缺乏合理的技术评估、项目可行性研究不够等原因造成的。

引进技术的代价太大。发展中国家政府在国际技术转移过程中作用不足的又一重要表现，是其在组织技术引进过程中所花费成本和付出代价太大。发展中国家政府为了引进先进的技术设备往往不惜花费巨大代价，不仅要花费巨额资金，而且往往还要在其他方面做出很多让步等，但有时引进技术的结果往往甚至得不偿失。技术重复引进和低水平技术引进的情况也很多，在彩电、冰箱、洗衣机等行业尤为突出，给发展中国家造成了巨大的浪费。

技术引进的有效途径不多。发展中国家政府组织开展的国际技术转移活动的有效途径不多，而且技术引进模式也比较陈旧，没有积极创造更多的引进技术的有效途径，这也是造成发展中国家政府在国际技术转移过程中有效性作用不足的原因。原有的通过引进生产线和技术设备、许可贸易等途径，无法满足发展中国家在经济和社会发展过程中对于先进技术的需求。而发达国家的高新技术是在不断涌现出来的，但获取发达国家最先进的技术又有很多壁垒，因此发展中国家政府必须积极发掘新的技术引进模式，才能满足本国对于高新技术日益增长的需求。

引进技术的先进程度不够。发展中国家政府在国际技术转移过程中作用有效性不足的又一重要表现是引进技术的先进程度不够。发展中国家引进的技术很多都算不上是高新技术。其总体表现为：对一般技术引进过多，对高新技术引进较少；对硬件设备引进太多，对于知识产权方面的软件技术、管理技术引进不够。发展中国家引进的技术结构中，高精尖技术比例较低，低水平技术比例较大。这主要是由于发展中国家自身经济、技术实力薄弱，资金欠缺、人才匮乏等，其中重要的一条原因就是发展中国家政府在技术引进过程中的作用有效性不足。加上在引进技术过程中过于盲目，对技术的先进程度不能充分把握，还有西方发达国家实行技术保护主义，对先进技术实行垄断与控制。所以，发展中国家引进的技术往往先进程度不够，如在电子信息技术、计算机软硬件、新材料新能源技术等方面，甚至有些引进的技术是西方发达国家产品成熟期之后的、甚至是其淘汰的技术。多年来，发展中国家虽然通过技术引进提高了自己的技术水平，但是与西方发达国家相比，技术仍然还很落后。由于引进的技术不够先进，在技术水平上始终存在着差距，因此造成了发展中国家在技术水平上没能迅速追赶上发达国家。

三、进一步提升发展中国家政府在国际技术转移中的效用

发展中国家政府要通过制订各项宏观政策，加强对国际技术转移特别是技术引进的管理。技术引进的重点要放在有利于我国产业发展的一些基础性技术和关键技术上。对于这些技术的引进要优先审批，降低关税。对于已引进并投产的新技术项目，要减免税收，并提高其折旧率。国家还要及时协调企业与科研部门的关系，强化引进技术的消化、吸收和创新，规定任何设备和技术的引进必须有相应的设备生产厂家和科研单位参加，必须有相应的消化、吸收和创新的配套资金，经过经济技术论证，规定某类技术和设备的最大合理引进数量，不准大量重复引进，需求批量较大的某类成套设备（生产线），政府要组织协调国内的各种力量，对其进行技术攻关和技术熟化，快速形成生产能力。具体来讲，提升发展中国家政府在国际技术转移中的作用，主要包括如下几个方面：

进一步完善国际技术转移的制度环境。要解决技术引进有效性不足的问题，发展中国家政府必须深化改革，进一步完善技术引进的制度。发展中国家政府进行体制改革，完善技术引进制度，制定合理的技术引进政策，必须做好如下工作：建立健全法律制度，完善基础设施，为技术引进提供良好的软、硬

环境；制定优惠政策，提供资金支持，从经济上为技术引进创造良好的政策环境；加强对技术引进的管理，对引进的一些重大技术项目直接进行干预；对技术引进进行监督，协调各方面的关系，强化政府服务功能。正如美国学者曼库尔·奥尔森指出，"不需要耗费大量的资源，聪明而坚决的公共政策本身就能大大增进经济繁荣与社会效益"。可见，只有从根本上改变技术引进的体制，在引进管理方面，加强协调统一，打破地方分割，克服因地方或个别企业利益而产生的重复引进现象，制定更多符合技术引进规律的政策，发展中国家才能获得更多、更先进的国外先进技术。

要做好对拟引进技术的评估。在国际技术转移过程中，发展中国家更多是进行技术引进，因此政府对拟引进的技术做好技术评估工作是非常重要的。以往发展中国家政府在引进技术时，由于没有充分作好技术的评估工作，盲目引进了国外的一些淘汰技术或者不适合本国发展的技术，给本国造成了很大损失。可见，在技术引进之前对拟引进的技术项目要作好"可行性研究"，技术引进的评估机构与技术引进审批等机构之间要注意协调，以充分把握引进技术的经济效益，这样才能符合发展中国家的利益需要。一般认为，技术引进的标准应是：引进的技术应比较先进、能够带来较大的经济效益；同时这些技术也是符合发展中国家的现实状况，具有适用性。

要积极组织产学研联合体。发展中国家政府还要积极鼓励多种形式的产学研联合体在国际技术转移过程中发挥更大的作用。产学研联合体可以根据企业的技术需要，凭借技术优势对需要引进的技术进行技术可行性评价，引进企业最需要的关键性技术，防止出现引进不必要的和虚假性技术；同时产学研联合体还应充分发挥三者各自的优势，利于引进技术的消化、吸收和创新。可见，企业、高校和科研机构之间的横向联合体，在国际技术转移中的作用是十分重要的。因此，政府要通过各种优惠政策鼓励促进产学研联合体在国际技术转移中发挥更大作用，以促进技术创新和技术扩散。

要充分重视科技人才。发展中国家政府要积极出台各项优惠政策，鼓励海内外高级科技人才到本国最需要的科研机构或产业领域进行科学研究或科技创业活动。科技人才是实现科学技术跨越式发展的关键。在技术引进基础上的消化、吸收和技术创新，始终都无法离开科技人才这一生产力中最活跃的核心要素。科技人才本身是知识和技术的载体，因此科技人才引进或流失实质上就是技术的引进或流失。目前，发展中国家的科技人才流失十分严重，据世界银行统计，发展中国家不仅流失了人才，而且流失了大量技术。因此发展中国家政府要提高引进技术的效率，就必须充分重视科技人才。不仅要留住本国培养的科技人才，而且要善于引进国外的优秀科技人才。这就需要给科技人才比较优厚的待遇，实行一定的激励措施，在政策上对他们实行一定倾斜，为科技人才创业提供良好的环境。韩国政府就给科技人才提供了优厚的待遇，设立了科技基金，提供科研赞助，奖励留学人才回国；还聘请和引进外国专家，这些人才政策为韩国技术引进和发展起到很大作用。

要重视技术引进基础上的"二次创新"。技术引进基础上的技术创新很重要，可以说能否实现技术创新是技术引进成功与否的一个重要标志。因此，发展中国家政府必须充分重视组织技术引进基础上的技术创新工作。只有对引进的技术进行消化、吸收，才能真正地掌握引进的外国技术，而在此基础上进一步实现技术创新，则是进一步扩大技术引进的等级和规模，有效地体现引进技术价值，实现技术引进良性循环的重要环节。日本技术的迅速发展就是由于能够在技术引进的基础上消化、吸收和进行二次技术创新。以电视机技术发展为例，日本的索尼公司和松下公司就是在引进美国电视机技术的基础上进行模仿，从而进行二次创新的，使其产品在性能、质量、成本等方面均优于美国产品。至今在电视机技术方面，日本仍保持世界领先水平。发展中国家可以效仿之，采取产、学、研结合等方式，在对被引进技术进行消化、吸收的基础上，实现"二次创新"。

要寻求新的技术引进模式（途径）。技术引进途径单一化会给发展中国家的技术发展带来很多弊端，正如国内学者李志军所言："坚持技术转移多渠道才能左右逢源，若技术转移渠道单一，必受人牵制。"[①] 所以，发展中国家政府必须寻求新的技术引进途径。我们认为，当前比较适合发展中国家的新的技术引进途径为如下所述。其一，当前发展中国家政府可以组织官方机构和大型企业集

---

① 李志军：《当代国际技术转移与对策》，中国财政经济出版社1997年版，第175页。

团在西方发达国家的高技术密集和人才聚集的地区设立研究和开发机构，例如可以在美国的硅谷、日本的筑波科技城以及欧洲国家的一些高科技区设立研发机构。这样既可以引进技术，又可以招纳高科技人才。如韩国的"韩国科技院""标准化研究所""电子通信研究所"等在美国、日本、西欧等发达国家设立了分支机构，与当地科研机构加强合作，获得了很多高新技术。其二，发展中国家政府可以组织设立更多的从事技术转移的中介服务机构。例如中国目前在清华大学等一些著名大学设立了国际技术转移中心，从事国际技术合作和技术转移的活动。总之，发展中国家必须要不断寻求一些新的技术引进途径，以解决技术引进有效性不足的问题。其三，发展中国家政府要积极鼓励本国企业与发达国家的跨国公司或技术先进的企业建立技术战略联盟关系，通过技术合作等方式获取高新技术。发展中国家的大型企业甚至可以通过收购或兼并西方发达国家的企业方式，以获得其先进的技术。

要把握科技全球化契机。科技全球化使技术的国际流动性日益加强。高技术产品、科技人员、科技研发机构等可以更加自由地在全球范围内流动。随着全球一体化趋势的加强，发展中国家越来越成为高技术研究和开发的基地，特别是东亚一些国家和地区日益成为技术投资的热点。其他许多发展中国家如印度也日益成为软件业研发基地。可见，科技全球化给发展中国家政府参与更多的国际技术转移活动，进行技术引进工作带来了莫大的机遇，发展中国家政府要把握住科技全球化的契机，加速发展自己的科技事业。

加快技术转移　实现共同发展*

——清华大学向西部地区转移技术的案例分析

　　长期以来，西部地区由于受交通、基础设施和地理条件等制约，经济发展水平与东部沿海地区差距较大。西部地区的资源开发不够、经济结构也不够合理，主要以传统农业和重工业为主，高新技术产业所占比重不够大。而科学技术是第一生产力，对经济发展起着决定性作用，因此西部地区要进一步开发、调整经济结构和促进经济快速发展，就必须引进先进的技术。而目前我国高新技术主要的研究和开发基地是高校和科研机构等，因此促进高校和科研机构向西部地区转移技术，必然有利于调整西部地区经济结构和促进西部地区的经济发展。同时使高校和科研机构在参与西部开发过程中获得更多的进行创造性科研的机遇以及所需的资金等。本文以清华大学为例进行分析。

一、清华大学向西部地区转移技术的途径

　　清华大学向西部地区转移技术的模式可以称为是"全方位"合作模式。这种"全方位"合作的技术转移模式主要表现为清华大学通过多种形式的技术合作向西部地区转移大量高新技术、促进西部地区经济快速发展的行为模式。我们把这种"全方位"合作模式细化为如下方面：

　　（一）与西部地区省市政府全面合作。清华大学积极响应国家开发西部的号召，近年来，先后与云南、四川、西藏、重庆、宁夏、新疆、广西等西部省、自治区和直辖市签署了长期、全面的合作协议，与西部地区省市在科学研究、

* 本文发表于《科学学与科学技术管理》2002 年第 7 期。

技术转移和人才培训等方面广泛开展了合作。如与新疆政府部门签署了全面合作的协议，清华大学承诺将帮助新疆改造传统工艺和技术设备，以实现技术跨越式发展和经济结构转型，通过远程教育、设立工程硕士站等多种形式为新疆培训人才。云南省政府有关部门还设立了省校合作基金，促进科技成果向西部转移。

（二）与西部地区的企业进行合作。其一，清华大学通过合作机构长期与西部地区企业保持技术成果转移等方面的密切联系。清华大学多年来一直和企业保持着密切的联系，成立了以王大中校长为主任的"清华大学与企业合作委员会"，有许多海内外知名企业参加。西部地区的企业如重庆长安汽车有限责任公司、重庆嘉陵集团、四川攀枝花钢铁公司、四川绵阳高新技术产业开发区管委会、云南玉溪红塔集团、陕西宝光集团有限公司、广西玉柴机器股份有限公司等，也参加了"清华大学与企业合作委员会"，这样清华大学与西部地区就有了长期合作的纽带和桥梁，也就更有利于清华大学科技成果向西部地区的转移。其二，清华大学向西部地区企业转移的高新技术等促进了它们效益的增长。清华大学热能系独创的技术产品，具有国际先进水平，对于煤炭的综合利用和能源节约有重要意义，在四川成都彭州市某水泥厂推广应用，取得了很大的经济效益。清华大学还通过与企业合作研究等方式，向西部企业转移了高新技术，使其获得很大效益，如与云南个旧市冶金矿山机械总厂的贝氏体钢项目的合作等取得了较大的成果。

（三）在西部地区承担重大项目。清华大学参与西部地区许多重大项目建设，转移了一些高新技术。清华大学承担和完成了世界上第一座在高寒、强震、弱基上修建的、对新疆发展具有重大意义的"碾压混凝土拱坝"工程设计。清华大学水利系还承担了国家电力公司成都勘测设计研究院"溪洛渡大坝地质力学模型试验"等项目技术开发和技术服务项目，承担了喀什子项目区水盐监测等技术开发项目，还承担了宁夏黄河整治工程指挥部"黄河宁夏河段河道整治研究"等技术开发项目。清华大学电机系承担了新疆计委、新疆特变电工股份有限公司"太阳能扬水与照明综合应用系统"等技术转移和技术开发项目合同；清华大学生物系承担了云南省"云南仙人掌资源开发利用"等技术开发和技术咨询等项目。

（四）对西部地区提供人才培训和人才支持。对西部地区提供智力服务和人才支持的途径是多样的。首先，清华大学通过对西部地区进行人才培训，通过人才成长使科学技术转移到了西部地区。其一，举办各种领导干部培训班，提高领导干部素质。在云南、贵州举办了厅级干部培训班；在乌鲁木齐举办了针对处级机关干部和市属大中型企业经理厂长的领导干部经济管理培训班；在重庆为党政干部和企业领导开办了培训班。其二，利用先进的科技手段提供远程教育。在西部地区开设了许多"远程教育站点"，进行研究课程教育和"专升本"教育，在收费方面采取优惠政策支持西部人才培养。其次，对西部地区提供人才支持。清华大学选派优秀青年教师和优秀博士、硕士毕业生先后到云南省科委、云南省路南县、重庆市科委和四川眉山市经济技术开发区任职，为西部地区发展提供了科技人才。另外，清华大学还通过其他各种途径为西部地区输送科技人才。

（五）与西部地区高校和科研机构合作。与西部地区的高校与科研机构合作培养人才和进行科研项目合作。近年来，清华大学先后与青海大学、新疆大学、新疆农学院、云南工业大学、新疆电子研究所和乌鲁木齐实用技术培训学校等高校或科研机构建立了长期或全面的合作关系。

第一，项目合作。清华大学与西安交通大学合作建设了中国教育计算机网国家级科技进步二等奖，促进了我国教育和科研信息基础设施的建设，取得了良好的效益。清华大学与新疆农学院合作进行了"新疆水资源利用与生态保护"项目的研究，获得国家科技攻关百万元研究经费的资助。清华大学与国家电力公司成都勘测设计院合作研制的"高强度大体积混凝土材料特性研究"应用于二滩高拱坝，荣获国家级科技进步三等奖，使二滩大坝混凝土材料质量得到保证。清华大学与新疆风能研究所共同申报了"大容量新型风力发电机组研制"西部开发中的重大课题。清华大学环科系与广西柳州市环境保护研究所合作研究完成了"柳州地区酸沉降综合防治示范研究"，对柳州市酸雨治理进行研究，该项目应用于柳州市多家企业，大大减少了酸雨污染，取得了明显的经济效益。第二，培养技术人才。为西部地区院校和科研机构培训师资和科技骨干。主要采取在职攻读学位或访问学者等多种方式。例如，接收了新疆大学、新疆电子研究所等少数民族科技骨干来校进修。第三，联合办学。清华大学与乌鲁木齐实用技术培训学校签订联合办学协议，为西部地区培养各种急需的人才。清华大学继续教育学院选派高水平教师到乌鲁木齐实用技术培训学校任教，同时担任该校计算机、英语、工商管理等学科的顾问，协助制定教学计划，还联合举办各种类型的培训班等。

（六）通过多种途径，进行技术转移。除了以上形式的技术转移以外，清华大学还开展其他活动进行技术转移。首先，清华大学先后组织了各种形式的赴西部地区考察和交流活动。如先后组织"清华大学院士、教授新疆行""清华大学专家宁夏行""清华大学博士西部行"等，学校领导带队对西部各省市进行实地考察，开展了科技成果发布会、科技经济合作、科技专题报告会和人才培养洽谈等方面的交流活动。其次，清华大学针对西部开发，多次组织了专题研讨，动员全校师生员工通过各种形式参与西部大开发。清华大学科技开发部还通过媒体和中国高校科技网西部网站等，组织针对西部开发的讲座。清华大学校领导和专家还分别在北京市政协会议、教育部会议和全国政协会议上汇报了清华大学参与西部大开发情况。第三，清华大学校办高新技术产业与西部地区合作，向西部地区进行技术转移。清华紫光英力公司参与对重庆农药厂的技术改造，促进了该厂产品结构调整和技术创新，取得了很好的经济效益。清华永新资讯工程有限公司也向新疆信息产业有限公司转移了"宽带多媒体数字资料广播系统"技术，建设"新疆宽带多媒体服务平台"。

二、清华大学顺利地向西部地区转移技术的启示

近年来，清华大学向西部地区进行技术转移的项目在不断增加，它们之间的技术合作不断取得令人瞩目的成就。分析清华大学与西部地区"全方位"技术合作成功的原因，我们不难发现：正是由于清华大学善于运用各种有利条件，才决定了其能够顺利地向西部地区转移技术。

政策支持是根本。国家政策的支持是清华大学顺利地向西部地区转移技术的根本原因。近年来，国家非常支持西部大开发，在政策等方面向西部地区倾斜，给予西部地区很多优惠条件。国家已经采取的支持西部地区政策措施主要表现在四个方面：其一，对外开放政策；其二，财税政策；其三，投资融资政

策；其四，产业政策。这些方面政策在宏观上对高校向西部地区的技术转移非常有利。而直接对高校向西部地区的技术转移起到促进作用的政策，具体表现在国家重视对西部地区大开发的信贷，把巨额资金用于西部地区的生态建设，引导科技人才参与西部建设，重视西部地区的找水工作，优先安排西部地区的基础设施建设项目，支持西部地区产品结构调整和技术改造，加大对中西部地区财政转移支付的力度，支持西部地区建立高新产业投资基金和风险投资基金，加大对高新技术产业投资，在西部地区提高技术股比例，促进科技成果向生产力转化等方面。清华大学向西部地区顺利实现技术转移、对西部地区的科技成果转化能够取得较大成绩，与其善于运用这些对西部地区支持的国家政策是分不开的。

态度积极是前提。清华大学与西部地区合作的态度积极是技术转移得以顺利实施的重要前提。近年来，清华大学多次主动派出大量专家、学者赴西部地区进行考察，寻找可行的合作项目，进行洽谈与研讨。同时，随着西部大开发序幕的拉开，西部地区的领导也多次到清华大学等高校进行洽谈科技项目和技术人才引进等方面的工作。清华大学主动与西部地区之间的频繁交往、互动接触，为其顺利进行技术转移、成功进行技术合作提供了良好的条件。可见，正是伴随着清华大学与西部地区合作积极性的日益增高，其向西部地区转移技术的项目才不断增多。因此，清华大学合作态度的积极是其成功地向西部地区转移技术的前提。

合作机制是保障。清华大学与西部地区的合作机制是其技术转移成功的有力保障。良好的合作机制有利于高校与西部地区之间保持长期稳定的合作关系。清华大学与西部地区建立的良好合作机制保障了包括技术转移等技术合作的长期顺利进行。清华大学与西部地区的合作机制主要是通过"清华大学与企业合作委员会""清华大学科技开发部""清华大学国际技术转移中心"等技术开发与管理部门的"窗口、桥梁、纽带"作用体现出来的。清华大学通过"清华大学与企业合作委员会""科技开发部"等机构的桥梁和纽带作用，可以与包括西部地区政府、企业和高校科研机构等在内的许多部门加强技术合作。

符合要求是关键。清华大学转移的技术适应西部地区发展的要求是其技术转移顺利进行的关键因素。不管清华大学的技术多么先进，如果不适合西部地区的发展要求，就不能够顺利实现转移。清华大学通过与西部地区的政府、企业和科研机构的洽谈，并通过实地调查研究，结合西部地区的自然条件、人力资源状况和科技水平等方面特点，成功地向西部地区转移了一批能够符合其可持续发展、经济结构调整和经济发展方面等要求的科技项目。可见，技术转移成功与否，双方能否获益、实现"双赢"的关键在于合作项目能否符合西部地区的特殊要求。

途径多样很重要。清华大学向西部地区转移技术的途径多样化是技术转移成功的重要原因。由于某一具体技术转移途径并不能够适应西部地区的各种特殊需要，因此必须结合西部地区特点，运用灵活多样的办法进行技术转移。多种形式的技术转移可以满足西部地区不同的需要，这样可以扩大技术合作的范围。清华大学对西部地区的技术转移就采取了全方位、多途径的做法，取得了可喜的成绩。[1]

---

[1] 易难，张继红等：《清华大学参与西部大开发工作总结》，《清华大学与企业合作委员会2001年内部年鉴》，第37页。

第四辑

"三农"问题

加快推进我国农村土地产权
制度改革的新探索[*]

——以新疆巴里坤县土地流转模式为例

　　当前，结合落实党的十八大以来的党中央和新疆维吾尔自治区党委有关农村土地产权制度改革政策措施，深入研究新疆巴里坤县农村土地产权化及农业合作社规模化经营模式，对于充分利用巴里坤县现有的农牧、矿产、旅游、口岸等优势资源，加快推进当地农业现代化和新型城镇化建设具有重要的参考价值。同时，对于进一步促进我国农村土地产权制度改革，尽快实现我国农村全面建成小康社会，也具有十分重要的借鉴意义。

一、巴里坤县农村土地流转的基本情况

　　（一）**巴里坤县农村土地流转的总体情况**。巴里坤县 2013 年总耕地面积496598 亩，人均耕地面积 6.9 亩。自 2007 年以来，巴里坤县委县政府积极稳妥地推进农村土地合理流转，土地流转规模呈现上升趋势，流转数量越来越多，农业专业合作社和种养殖大户也越来越多。截至 2013 年底，全县农村土地流转面积达 108025 亩，约占全县耕地面积的 22%。

　　（二）**巴里坤县农村土地流转的具体特征**。首先，土地流转形式以自愿流转为主。巴里坤县农村土地流转以自愿流转为主，超过了 3/4，以农户自发的土地流转，主要在亲戚朋友之间进行，转包期为 3—5 年；而以集体统一进行的土

* 本文成文于 2016 年 7 月。通讯作者：梁洁，简介同前；周斌，新疆维吾尔自治区党校经济学部教授；蒋小凤，同前。

地流转，主要是流向专业大户和农业生产企业。这种自愿性的流转程度较低，属于诱致性的制度变迁阶段，一旦承包方违约，农民的权益无法得到保障。

其次，土地流转方式以转包为主。在农村土地流转工作中，巴里坤县结合实际，因地制宜，积极推广土地转包、互换、转让、出租、入股等多种流转方式，转包是巴里坤县农村土地流转的最基本方式。全县以转包形式流转土地10.58 万亩，占全县累计流转土地面积的 98%。转包是巴里坤县土地流转的主要方式。在转包过程中，转包期限一般都是一年一议，或者是未明确期限，或者是种一季算一季，原承包户随时都可以收回。

第三，政府的高度重视，不断加大的扶持力度，助推流转土地实行规模化经营。按照产业结构调整方向，为鼓励农户流转土地，支持种植大户和农民专业合作社流入土地开展规模经营，县委、县人民政府出台了一系列优惠扶持政策，积极培育大路菜、饲草料、育肥业、奶牛业等产业发展，实行土地规模化经营，实现农业增效，农牧民增收。

第四，流转土地向农民专业合作社和种植大户集中。县委县政府出台优惠政策，鼓励种植大户和合作社连片流转土地，充分发挥示范带动作用。土地的合理流转，把很多农民从土地上解放了出来，实现多渠道增收，而那些种植大户和合作社也尝到了土地规模化经营的甜头。

（三）巴里坤县农村土地产权化的基本模式。从巴里坤实际出发，并参照国内其他相关条件具有可比性县市的成功经验，巴里坤县农村土地产权化的基本模式可以概括为：四个主体、五个步骤、四个特征。一是"四个主体"，主要包括：三个市场参与主体和一个政府行为主体。在三个市场参与主体中，流出主体为农户，流入主体为用地企业、企业经营大户等，村委会、村民小组和村集体经济起到类似中介的作用；政府行为主体指的是县、乡（镇）政府。二是"五个步骤"，主要包括：一是确权颁证；二是土地集中；三是协议流转；四是收益支付；五是政府奖励。三是"四个特征"，主要包括：县、乡两级政府及村集体发挥重要作用；切实保障农民的合法权益；剥离土地的社会保障功能；四是土地流转形式因地制宜。

二、巴里坤县土地流转过程中呈现的困境分析

（一）**农村集体土地所有权主体界定不明晰，为侵犯农民土地权益留下了缺口**。中国现行《宪法》规定在法律规定范围之内属于国家所有以外的农村及城镇郊区的土地均属于集体所有。鉴于此法律，农村集体土地所有权的主体应为"集体"，具体到哪一级机构并未明细，对于主体概念的界定并不明确。此外，土地产权模糊加剧了城乡失衡。城乡分割的二元土地市场，相关法律的不公，导致大量农村土地资源低价流向城市，肥了开发商，喜了地方政府，苦了农民群众，加剧了城乡失衡。

（二）**农村土地流转体制机制不健全、不规范**。首先，农村土地流转体制存在缺陷。虽然我国《农村土地承包法》第三十二条规定了承包经营权可以依法采取转包、出租、互换、转让、入股等方式流转，但我国农村并未形成合理有效的土地流转机制，如流转客体有限、流转性质不明确、流转种类的不科学性和流转程序的不规范性。

其次，农村土地流转机制不健全、不规范，影响了土地资源配置效力和农业生产规模经营的实现。随着农民工人数的激增和土地收益较低的影响，农村有大量土地资源处于闲置、半闲置状态，阻碍着农村经济的发展。

第三，中介服务组织不健全，土地流转管理滞后。土地流转是市场行为，但市场上还缺乏土地流转交易的组织机构，缺乏相应的土地评估机构，交易行为往往习惯于口头约定或者简易的书面合同或协议，滋生出较多的法律纠纷。不仅是巴里坤地区，整个新疆地区目前尚不存在一家具有相应资质的土地流转中介服务机构，这往往造成了在土地流转过程中事前信息无人收集、事中无人提供服务、事后无人监管的局面。

（三）**土地流转程序不规范**。在调研中，发现巴里坤县在土地流转过程中大量存在土地流转程序不规范的现象。表现为操作程序不规范，有部分农户在转让承包土地时，没有经过发包方同意就擅自将土地转让给第三方。隐性流转较盛行，农户之间私下流转的多，按规定和程序流转的少。

（四）**农村土地产权制度缺乏相应的法律、法规的约束**。当前农村土地产权制度缺乏相应的法律、法规的约束，造成农村土地管理操作缺失和违法乱纪现象。比如"小产权"现象迟迟没有解决就是典型，对于农村集体所有权土地买

卖关系的界定和实施欠缺相应的法律规定。针对农村土地的承包、流转、征收等有法不依的现象也时有发生，农民权益很难得到维护。

（五）土地流转规模不够大。多数农民把土地作为获取收入的主要来源和生活保障，对土地流转心有余悸，不愿轻易转让土地使用权，满足于守土经营的现状；有的农民对土地流转政策心存疑虑，担心土地流转会改变土地承包政策，宁可粗放经营甚至不惜撂荒弃耕，也不愿将土地流转出去。部分农村基层干部认为既然土地由农户家庭承包了，那么种与不种，种好种坏都是农民自己的事，对土地流转持消极懈怠的态度。

三、借鉴巴里坤县农村土地流转经验，推动我国农村土地产权改革的具体路径

（一）进一步强化政府的服务职能，确保农民的主体地位。尽快全面开展土地确权工作，做好农村土地确权登记、颁证工作，进一步明晰土地产权。要加大土地流转政策法规的宣传力度。要通过加大土地流转的法律、法规和政策的宣传力度，使广大农民了解土地流转政策，切实转变思想观念。要清晰界定集体与农户土地权利之间的界限，规范村集体代表农民流转土地的程序，明确村集体在土地流转中的地位和职责，保障农民对土地的占有、使用、收益等权利。要依法保障农户的主体地位，严厉惩处基层干部尤其是村干部越权流转、私自流转等侵害农民土地承包经营权利的行为。还要提高政府的服务的层次与水平。

（二）培养合格的经营主体，增强对农村土地流转的承接能力。加快农村土地流转必须有经营主体带动，有龙头企业和龙头项目带动。要积极发展种植业大户、农产品加工现代企业、家庭农场、农民专业合作社等各类适应现代农业发展要求的经营实体来承接土地流转；要积极引进尤其是借助援疆力量引进有实力的现代企业来承接土地流转；要采取各种激励措施和手段吸引与支持外出回乡农民、工商企业、有志青年、乡土人才来巴里坤县创办现代农业企业，推动土地流转。

（三）大力支持农村内部非农产业发展，持续促进农民自愿有序流转农村土地。当前，在农村就业多样化需求的条件下，非农产业的发展具有很大潜力，而随着农村内部非农产业的发展，吸纳了更多农村劳动力就业时，就使整个农村逐

步形成非农化的就业发展倾向。要立足于其发展煤炭开采加工、物流业、旅游业、特色种植业等产业得天独厚的条件，打造城乡互补、联动的产业格局。

（四）在稳妥推进土地租赁的基础上，探索实行土地股份合作制的有效途径。既要实现农村土地有序流转，又要保证农民收益和农村社会稳定。要选择以土地为核心的农村土地产权化模式。农村土地股份合作制，是在家庭联产承包责任制"两权分离"的基础上，进一步形成所有权、承包权和经营权的"三权分离"。

（五）健全农村土地流转纠纷调解仲裁机构。县、乡、村都要建立健全农村土地流转纠纷调解仲裁机构，各相关部门都要着力在仲裁体系和仲裁机构建设上下功夫，使仲裁成为今后解决农村土地纠纷的主渠道。要加大对农村土地承包管理人员，特别是乡、村两级从事农村土地承包管理工作人员的培训力度，使其真正吃透农村土地流转的主要政策、操作程序，能够正确指导和引进规范的土地流转，防止发生土地矛盾与纠纷。

（六）构筑相关配套体制与机制。农村土地制度改革的推进，需要协调各方面利益，平衡各种关系，牵涉到很多相关领域与层面的工作。因此，完善相关配套体制与机制，是该项改革成功的重要基础。一是加大金融支持力度；二是加大县政府财政扶持力度；三是进一步完善农村社会保障体系；四是健全土地流转监督机制。

（七）抓住规模化推动农业合作社发展的黄金机遇。规模化推动农业合作社发展，就是通过采取各种形式，促进各种类型的农业合作社，在数量上迅速增加的基础上，提高质量规范发展，进而向农业合作社联社，乃至跨乡镇甚至是跨县、跨地区的农业合作社联社发展。各类和各种形式的农业合作社逐步向生产联合、产加销一体化经营方向转变，实现农户小生产与国内和国际市场的真正对接，从而产生规模效应。一要积极试点农业合作社联合起来变成合作社联社。二要千方百计解决农民合作社的资金问题。支持由社会资本发起设立服务"三农"的县域中小型银行和金融租赁公司。稳步开展信用合作试点，进一步提供信贷资金的支持，推广国开行"三台一社一基金"合作机制运行模式。三要积极探索规模发展巴里坤农业合作社的方式方法。扶持土地股份合作社发展，加快现代农业园区建设，探索通过农业合作社提高耕地资源的集约经营，积极试行土地流转模式，促进农民合作社规模化发展。把农业合作社的发展和大学生村官结合起来。

新生代农民工面临的突出问题及对策建议*

　　新生代农民工是近年来我国农村劳动力就业结构中出现的最大、最突出的变革，2010 年"中央 1 号文件"也突出强调要关注新生代农民工的问题。据统计，我国新生代农民工总数至少在 1 亿人左右，占外出农民工总数的 60%以上。

一、新生代农民工的新特点

　　与上一代农民工相比，新生代农民工在外出动因、心理定位、身份认同、发展取向、职业选择等方面都发生了根本性变化，呈现出一些新的特点。首先，外出动因从"生存型"向"生活型"转变。据调查，仅有 29%的新生代农民工外出目的是为了满足经济需要；62%的人希望未来能成为"有自己事业"的老板；有 50%的人表示能够"干得好，愿意待下去"。其次，身份认同从农民身份向工人和市民身份转变。只有 8.7%的新生代农民工认为自己是农民身份，而有 75%的人认为自己属于工人群体。第三，发展取向从关注工资待遇向更多关注自身发展和前途转变。90%以上新生代农民工具有中等以上文化程度、不少还接受过驾驶、烹饪、维修等技术培训。他们希望学习技术，拥有一技之长，以便未来谋求更广阔的发展空间。第四，维权意识从被动接受向追求权利平等转变。新生代农民工大多都有受教育的背景，权利意识明显增强。他们其中有 74%的人认为政府应该保护他们的基本权益不受损害，53%的人有加入工会的愿望。第五，职业选择从苦脏累工种向体面工种转变。新生代农民工的择业标准发生了很大变化，更偏重选择到酒店、宾馆、商贸、制造等"更体面"的行业就业。

---

* 本文成文于 2010 年 6 月。通讯作者：梁洁，简介同前。

二、当前新生代农民工面临的突出问题

由于我国城乡分治的就业制度障碍没有打破，加上处于经济社会加速转型期和利益结构加快调整期，与第一代农民工相比，新生代农民工面临更加突出的矛盾和问题。

1. 面临城市和农村双重边缘化的境地。目前新生代农民工已经成为农民工的主体。他们户口在农村，但又生活在城市，既不是传统的农村人，又不是真正的城市人，反映出一种现实的矛盾。一方面，新生代农民工对融入城市的期望较高，但是在落户、社会保障、子女上学等诸多方面却享受不到城里人的待遇，甚至完全被排斥在城里人之外，大量新生代农民工只能游离于城市的边缘。据对广东省惠州地区新生代农民工参与当地社会交际活动调查显示，与当地城市人偶然有交往的占 25%，基本没有交往的占 48%。另一方面，新生代农民工一出校门就在城市打工，基本没有种过地，基本不会从事农业劳动的技能，在农村找不到自己的社会位置。据统计，89%的新生代农民工基本不会农活。他们中虽然绝大多数出生在农家，户籍在农村，但却很少接触农业生产，对农业活动也缺乏感情和兴趣。

2. 工资增长缓慢，工资水平普遍偏低。新生代农民工可支配收入很低，除去在城市生活的各种开销，基本没有太多的节余。近年来，全国职工工资的增长幅度约为 30%，而农民工工资的增长幅度仅为 16%。2004 年以前的 12 年中，珠江三角洲外来农民工月平均工资仅增长了 68 元。近期东南沿海部分地区出现的"民工荒"现象，其中一个重要原因就是工资水平太低。2009 年新生代农民工平均月工资仅为 1096 元。据对惠州地区新生代农民工月工资调查，收入在 800 元以下的占 22%，收入在 800 元至 1000 元之间的占 50%。

3. 缺少必要的社会保障。截至 2008 年底，全国参加城市养老保险的农民工为 2416 万人，只占在城镇就业农民工的 17%。新生代农民工流动性强，参加失业保险的积极性也不高。在医疗保险方面，大多数新生代农民工也没有参加，平均参保率仅为 10%左右。在社会救助方面，由于新生代农民工没有落户，因此也享受不到最低生活保障或其他方面的任何救助，在失业、生病、意外伤害时，往往孤立无助。

4. 难以享受均等化的城市公共服务。城市对新生代农民工是"经济吸纳、社会排斥"，他们融入城市面临户籍等诸多制度障碍，在住房、就业、医疗等方面难以得到"市民"待遇。很多城市的户籍制度改革停留在"投资移民、技术移民"上，新生代农民工变市民的门槛依然很高。由于没有城市户口，广大农民工在城市社会中没有话语权，也不能参加城市基层社区的社会组织和社会活动，难以享受各种市民待遇。江苏省南京市新生代农民工中有 29.7%的住房是租来的，2.8%的住房是自己买的，其余的人则是住在工棚、单位宿舍、老板家等。上海市新生代农民工中人均租住的住房建筑面积不足 7 平方米的占 67%，远低于城市户籍人口的住房面积水平。在子女教育方面，很多城市没把其子女就学纳入本地区规划，没有经费保障；即使一些新生代农民工子女进入了一些公办学校，但还需要交纳"借读费"，增加了他们的经济负担。在医疗服务方面，新生代农民工看病难、看病贵的问题很突出。尽管一些城市的新生代农民工参加了医疗保险，但由于存在报销手续烦琐、自付比例高等问题，实际上他们中大多数人仍然享受不到相应待遇。

5. 不平等的心理问题日趋严重，成为社会稳定的重大隐患。新生代农民工长期处于城市的边缘，不被城市认同接纳乃至受到忽视、歧视或伤害，融不进城市社会，享受不到应有的权利，陷入角色认同的困境，不平等、被歧视、被剥夺感强烈，成为城市的"边缘阶层"。据统计，北京全市有 88.5%的新生代农民工，居住在城乡接合部；而上海市外来农民工中也有八成居住在城市郊区。据对江苏省徐州市新生代农民工调查显示，对于他们的自身待遇，只有 0.7%的人认为公平，15.8%的人认为比较公平，62.4%的人认为很不公平。"同工不同酬、同工不同时、同工不同权"等歧视性的劳动待遇和不公正的行为，已引起新生代农民工不满。长期下去，必然会积累很多矛盾，导致农民工对城市社会普遍怀有一种疏离感和责任匮乏心态。这个问题解决不好，就会成为社会稳定的重大隐患。据调查，广东农民工罪犯中有九成以上的在 26 岁以下。新生代农民工犯罪率的不断攀升，更凸显问题的严重性。

三、解决新生代农民工问题的对策建议

解决新生代农民工的问题，是一个涉及全方位的系统工程，必须坚持统筹城乡就业，从我国实际情况出发，加快研究制定适合新生代农民工特点的政策措施。

1. 深化户籍制度改革，加快推进城镇化进程。城镇化是新生代农民工就业的重要途径。据测算，我国城镇化水平每提高一个百分点，就有1000多万农民工转化为市民，因此必须加快城镇化进程。要主动接纳新生代农民工融入城市社会，不能让他们长期被城市边缘化，更不能允许出现第三代农民工，让他们实现真正的"迁徙自由"。因此，必须加快户籍制度改革，加快推进与户籍制度相关联的各项社会保障制度改革，逐步剥离附着在户籍上的各项福利待遇。在北京、上海、天津等特大城市以外的地区，可逐步允许有稳定职业和固定收入的新生代农民工及其子女转变为城镇居民，给新生代农民工和城市居民相同的身份和待遇，形成一个新生代农民工与城市居民身份统一、权利一致、地位平等的制度体系。

2. 构建城乡平等的就业制度，创造良好的自主创业环境。加快建立城乡统一的劳动力市场，全面推行劳动合同制，健全工资支付保障制度，健全劳资纠纷协调机制，形成农民工工资合理增长机制，有序扩大新生代农民工的社会参与，依法保障他们享受到更多的民主管理权利。把新生代农民工的教育培训纳入各级公共财政的支持范围，加大培训力度。根据市场和企业的需要，按照不同行业、不同工种对从业人员基本技能的要求，安排培训内容，实行定向培训，也可以联合工厂举行正式教育培训和非正式教育培训，提高培训的针对性和适用性，满足新生代农民工的发展要求。应努力为新生代农民工提供良好的创业环境，加大对他们专项贷款力度，采取小额信贷模式，以资助、贷款的形式给予资金支持。

3. 适应新生代农民工在城市之间流动性大的特点，健全社会保障制度。加快建立覆盖全体农民工的养老、失业、医疗、工伤等社会保障体系，完善社会保险关系转移接续办法。将新生代农民工纳入城镇职工社会保险制度，通过强化征缴扩大覆盖面，努力实现应保尽保；提高统筹层次，逐步实现基础养老金的全国统筹；降低社会保险缴费水平。建立新生代农民工应急救助机制，开展针对他们的应急救助、贫困救助、教育救助和法律援助等。当前还应加快为新生代农民工建设廉租房，这一保障性待遇尤为迫切。

4. 推进基本公共服务均等化，营造新生代农民工融入城市的社会氛围。城市要转变观念，以开放和包容的胸襟，把新生代农民工作为城市居民的一部分，改变双轨制管理模式，消除对新生代农民工的歧视性政策，把新生代农民工作为社区的平等元素，纳入地方经济社会发展规划。应统筹考虑新生代农民工对公共服务的需求，尽可能给予与当地居民同等的地位和待遇，享有基本公共服务和同等权利，努力构建适应新生代农民工特点、满足新生代农民工需求的公共服务体系，逐步实现他们在子女入学、公共医疗、住房租购以及社会保障等方面与城镇居民享有同等待遇，努力消除本地人与外地人之间的隔阂，积极化解可能引发的社会矛盾，营造一种互相尊重、互相理解的社会氛围和环境，让新生代农民工对城市产生归属感，真正让他们融入城市、融入社区。

5. 大力发展县域经济，吸引新生代农民工就近转移就业。我国大部分人口生活在县域，要充分发挥县域经济在吸纳新生代农民工方面的"蓄水池"作用。应加大对县域经济的支持力度，扩大县域发展自主权，增加对县级的一般转移支付，增强县域经济发展活力和实力。引导城市资金、技术、人才、管理等要素向县域流动，增强县域承接产业转移能力和带动就业能力，吸引新生代农民工就近转移就业。积极引导新生代农民工返乡创业，鼓励他们返乡创办各类企业，只要符合法律和国家产业政策，并吸纳一定数量的当地劳动力就业，就要给予支持，在融资、用地等方面实行政策优惠，改善创业环境。

6. 深入推进新生代农民工维权工作。不断提高新生代农民工的维权意识，同时加强权利的保障制度。政府应依托社会有关组织和法律服务机构，为新生代农民工开展法制宣传。相关部门和组织也要切实提供法律服务和法律援助，积极探索新生代农民工维权建设的有效形式。尽快建立健全农民工工会等组织，通过合法渠道、合法组织最大限度地保障他们的合法权益，反映他们对国家的合理要求和建议，让他们更广泛地参与国家和地方公共事务的管理。

我国农民工子女义务教育中的
突出问题及对策建议[*]

目前，我国处于义务教育阶段农民工子女数量约为 2000 万，占全部农民工总人口数的 18.37%，解决这一庞大群体的教育问题刻不容缓。

一、我国农民工子女义务教育中的突出问题

（一）**农民工子女难以适龄入学及失学问题严重**。据 2009 年北京师范大学有关教育研究机构对北京、深圳、武汉、成都等 9 个大城市 12000 多名农民工子女监护人和 8000 多名少年儿童的调查显示，农民工子女入托比例为 63.7%，低于城市户籍入托率；大约有 42.9%的 6 周岁农民工子女还没有接受正规入学教育；超龄入学现象也比较严重，近 20%的 9 周岁儿童还只上小学一、二年级，13 周岁和 14 周岁还在小学就读的占相应年龄流动少年的 31%和 11%；在失学的 12 周岁到 14 周岁农民工子女中有 46%的未成年人已经进入社会，开始打工生涯。

（二）**农民工子女进公办学校就学的待遇不公平**。由于受户籍制度的影响，要进入城市公办中小学校，不仅申请手续烦琐，而且农民工子女每学期须交纳的杂费、借读费、赞助费等达 1000—2000 元。同时，由于农民工流动性较大，其子女的转学、辍学率较高，导致他们的学习基础比较差，一些公立学校为了保持其升学率等指标，往往会把他们拒之门外。而那些有幸能进入公立学校读

---

[*] 本文成文于 2009 年 10 月。通讯作者：梁洁，简介同前。

书的农民工子女则因生活习惯、方言、性格等差异，往往会受到城里学生的歧视与冷落，甚至有部分学校把农民工子女编入特设民工子弟班级，将农民工子女与城里学生区别对待，给农民工子女的成长带来负面影响较大。此外，农民工子女在输入地参加升学考试也存在较大障碍。由于其户口不在该地，因此按现在有关规定要求，往往还要回到户籍所在地参加升学考试，这样就给其生活和学习带来了很多不便。

（三）**农民工子弟学校的办学境况不容乐观。**农民工子弟学校产生于 20 世纪 90 年代的一些大城市，例如北京、上海等城市，是专为进城务工就业民工的子女开办的中小学校。虽然这类学校承担了相当数量的进城务工农民工子女的教育，缓解了公办学校及政府的财政压力，但是在这些民工子弟学校中有相当一批是未经过审批的。从总体上看，农民工子弟学校办学条件大多数都比较简陋，管理上存在的问题也比较多。其主要问题包括：一是师资力量不足，学科不配套，质量不高，很多校长和教师都没有任职资格证书和教师资格证书；二是多数学校在房屋、消防、饮食、交通、防疫等方面都存在安全隐患，且缺乏必要的体育器材和教学设备，对少年儿童的成长极为不利；三是有的学校教育管理不规范，教育质量低下。

（四）**农民工子女普遍缺乏良好的家庭教育。**农民工子女的家庭教育环境不容乐观。家长每天工作繁忙，对子女家庭教育的时间较少。据调查，90%以上的农民工工作时间长、工作强度大，有的工作长达 13 小时，甚至更长，终日疲惫不堪。农民工家长很少有时间辅导子女功课，加上他们自身文化水平不高，难以在学习上为子女提供很多帮助，协助他们解决学业上的疑难问题。同时，农民工家长缺乏经济实力，很少为子女购买学习辅导书籍和课外读物。此外，由于闲暇时间少、经济状况窘迫等原因，农民工家长也很少陪子女外出活动。农民工特殊的生存状态与生活方式，使其在子女的教育态度和方式等方面明显存在一些问题，例如 65%以上的农民工家长仅关心子女吃饱穿暖，以及子女的考试成绩，而往往忽视对孩子的心理健康教育。

（五）**农民工子女普遍缺少稳定的学习生活环境。**据调查，35%左右农民工的工作单位或住所每半年就要频繁更换一次，子女则随着父母迁移而流动，常常使得子女生活在陌生的学习生活环境中。一方面，农民工子女的学习环境不容乐观。40%左右的"流动学生"缺少固定的学习伙伴，每次转学都需要一段时间来适应新的环境，容易产生孤独感，逃学、旷课现象时有发生。在一些城市公办中小学中，有 30%以上的非流动学生不接受、不认同"流动学生"，不愿意与之交往，甚至有歧视他们的现象。45%左右的"流动学生"存在心理承受力弱、意志力弱、自卑感强等心理问题。另一方面，农民工子女的生活环境也令人担忧。"流动学生"大多缺少稳定的社会生活环境，家庭日常生活也缺乏规律，往往随着农民工家长流动性地生活居住在社会生活环境较差的城乡结合部，生活缺乏安全感和幸福感，普遍存在营养不良、身体素质差、抵抗力低的问题。

二、进一步完善农民工子女义务教育体制的对策建议

（一）实现义务教育"一卡通"制度，解决农民工子女入学、升学难的问题。政府有关部门要充分认识农民工子女就学与城市长远发展的关系，应积极完善农民工子女教育管理体制，尽快建立所有适龄儿童的义务教育登记卡制度。国家根据应承担的义务教育经费制作"义务教育登记卡"，分发给每个义务教育阶段的适龄儿童，他们流动到哪里就将自己的"义务教育登记卡"交给所在学校，再由学校交给当地政府，当地政府凭其"义务教育登记卡"的多少向国家申请划拨教育经费，这样就能使城市学校积极主动地接收"流动学生"。登记卡分别由各地教育部门、公安部门和家长保管，当人口流动时，登记卡作为随时入学、升学的依据，减少入学、升学手续上的烦琐，避免教育机会不平等和剥夺教育权现象发生。

（二）积极扶持农民工子弟学校的发展。现阶段，农民工子弟学校有其存在的合理性。政府应积极鼓励社会办学，充分发挥社会力量，支持社会团体、个人举办民办中小学校，并在土地、办学条件等方面给予相应优惠政策。应对这些学校的发展进行合理规划，营造此类学校生存和发展的良好环境。制定优惠政策鼓励公办学校的富余教师流动到农民工子女学校任教；积极支持公办学校将多余实验设备、运动场地、图书等硬件设施支援给农民工子弟学校；采取民办公助等形式，壮大办学实力，提高办学质量。制定明确的农民工子弟学校审批标准，给予其合法身份和一定的优惠措施。还要加强对农民工子弟学校的监

督管理，制订符合农民工子弟学校特点的评价、监测指标体系。

（三）不断加强农民工子女的家庭教育。第一，应严格规定农民工的工作时限，适当提高农民工的工资水平，使农民工有比较充足的时间、精力和经济收入，来充分关心和辅导子女的学习教育。第二，应定期召开"流动学生"家长会，建立家长、教师、学生三位一体的定期交流平台，方便家长了解学生存在的问题。农民工家长应根据学校提供的子女在校学习情况，及时有效地改进家庭教育方式。第三，应为农民工家庭开设一些生理心理健康教育课程，使农民工家长能够掌握一些生理心理健康知识，以便可以及时了解"流动学生"的内心世界，从而能够配合学校培养"流动学生"健康的心理素质和自我适应能力。

（四）积极改善农民工子女的学习生活环境。第一，各级政府部门应切实加强对城市"流动学生"较多的学校教育管理工作，加大对校园周边环境的整治力度，净化社会传媒环境，努力营造一个有利于"流动学生"健康成长的社会环境。第二，要建立城市社区"流动学生"教育和监护体系。可由城市教育部门牵头，由社区管理人员、退休人员组成，联合共青团、妇联、工会等部门，共同构建城市"流动学生"的社会化教育和监护体系。第三，建立并完善寄宿制学校。应严格校规校纪，加强对"流动学生"日常生活行为的引导和矫正，帮助"流动学生"养成良好的生活习惯。第四，教师在教学实践中应做到一视同仁，实现教学公平。教师应该关心每一个学生，而不应该厚此薄彼。要建立"流动学生"档案，随时掌握他们的思想及身心变化，开展有针对性的教育和管理。第五，将非流动学生与"流动学生"结成互助对子，加强他们之间的交流，转变非流动学生对"流动学生"不接纳、不认同的态度，减轻"流动学生"的心理压力。

（五）大力发展农村义务教育，吸引农民工子女在本地就学。解决农民工子女的义务教育问题，根本在于实现儿童教育权利的平等，实现教育资源配置的均等化。目前，我国的义务教育资源配置在城乡和地区之间存在较大差距，农民工之所以把子女带到城市，就是为了子女能够接受城市较高质量的义务教育。因此，为解决缓解农民工子女在城市就学的压力，国家应尽快制定优惠政策措施，把教育投资重点转向中西部和边远的农村地区，大力发展农村义务教育，优化教育资源配置，增加教育机会，缩小教育质量差距，吸引越来越多农民工子女的在本地就学。

我国农民专业合作组织存在的
问题与对策建议[*]

近年来，随着农村产业结构调整和农业产业化经营步伐的加快，农民专业合作组织应运而生。总体上看，我国农民专业合作组织发展趋势良好，群众基础深厚，深受广大农民的欢迎和拥护。但是，自从 2007 年 7 月 1 日《农民专业合作社法》实施以来，仍然还存在一些问题，严重影响了农民专业合作组织的发展。应进一步采取有效措施，促进农业专业合作组织的发展壮大，带动农业增效和农民增收。

一、我国农民专业合作组织发展的总体状况

（一）**数量迅速增长，发展步伐明显加快**。近年来，我国各个地区的农民专业组织都得到了蓬勃发展，发展速度有明显加快趋势。据调查，2008 年江苏农民专业合作组织与 2007 年相比新增了 3250 个，仅仅在 2008 年上半年江苏新增农民专业合作组织就达 2297 个。另据调查，截至 2008 年末，吉林省的各类农民专业合作组织已发展到 4806 个，比上年增加了 296 个。

（二）**合作形式多样化，合作层次提高**。随着农业产业化步伐的加快，农民专业合作组织的合作形式日益呈现出多样化趋势，合作层次也在不断提高。根据抽样调查，在山东省 2300 家合作组织中，从事传统种植业和养殖业，占总数的 48.7%；从事产加销一体化经营，占总数的 26.2%；从事农村用水、农机作

---

* 本文成文于 2010 年 11 月。通讯作者：梁洁，简介同前。

业、农村沼气、农资供应等社会化服务，占 25.1%。另据调查，在山东省从事农业生产经营的合作组织中，有 280 家注册了商标和品牌，有 180 家取得了无公害、绿色、有机食品认证或国际认证。可见，合作层次有了很大提高。

（三）运行机制日趋完善。当前，农民专业合作组织的运行机制日益成熟，呈现出多种运行模式。根据抽样调查，在山东省 2300 家合作组织中，运行模式主要有："合作组织+农户""农户+合作组织+企业"和"企业+合作组织+农户"三种运营模式。其中，"合作组织+农户"模式占总数的 80%，"农户+合作组织+企业"模式占总数的 9.3%，"企业+合作组织+农户"模式占总数的 8.1%，其他运营模式约占总数的 2.6%。从运行方式上看，有经营服务收入的占总数的 66.6%，与农户有直接交易的占总数的 57.4%，其中社员之间的交易占总交易的 88.5%。

（四）辐射带动能力日益增强。随着农民专业合作组织的体制不断完善、运行模式不断成熟，其辐射带动能力也在不断加强。根据抽样调查，在山东省 2300 家合作组织中，平均每个合作组织的固定资产为 20.19 万元，社（会）员数 165 户，辐射带动 594 户，均较前几年有了大幅度提高。在从事农业生产经营的合作组织中，有 1590 家建立了固定的生产基地，占 92.3%。一个合作组织往往联结着几千亩、上万亩的标准化种植基地，或者成千上万头、几十万只的规模化畜禽养殖小区。

（五）政策支持力度不断加大。根据调查，近期山东、天津等省市积极出台各种政策措施，促进农民专业合作组织加快发展。[1]山东省、天津市各级财政每年支持农民专业合作组织的专项资金总额均达到 1 亿多元，近年来两市累计支持了农民专业合作组织 1000 多家，特别是对合作组织开展的贷款担保、互助保险、信用合作等新的合作方式给予重点扶持，引导合作组织不断改革创新，扩大合作领域和范围。

---

[1] 肖永凤：《农民专业合作经济组织发展存在的问题及对策》，《山东省农业管理干部学院学报》，2008 年第 2 期。

二、我国农民专业合作组织中存在的主要问题

农民专业合作组织在转变农民观念、提高农民组织化程度、提高农业经济效益、促进农民增收等方面都发挥了重要的作用，但仍存在着一些制约农民专业经济合作组织发展的一些因素和问题。

（一）《农民专业合作社法》实施细则没有出台，农民专业合作组织缺少明确细致的规范和约束机制。由于缺乏明确实施细则指导，导致农民专业合作组织难以正常运行。第一，大部分农民专业合作组织的章程不够规范。合作组织的宗旨模糊，职责不清，许多流于形式，写一套做一套，有的甚至没有章程。第二，一些农民专业合作组织机构不健全。相当一部分合作组织几乎没有理事会、监事会等必要机构，即使有也流于形式。第三，很多农民专业合作组织内部管理制度不够健全。大多数的农民专业经济组织合作起点低、组织任务定位不明确，社员之间的合作关系不巩固，运作不规范。在会员的管理上，缺乏基本的加入和退出手续，大部分没有印制会员证。第四，一些农民专业合作组织利益联结机制不健全，联结不紧密。多数合作经济组织与农户的关系是松散的买断、供应或契约关系。根据对山西省运城市组织化程度较好的 38 个合作组织典型调查，能定期开会的仅占 52.63%；有统一服务体系的占 50%；单独建账的占 68.42%；有会计档案的占 60.52%。

（二）发育层次偏低，覆盖面不够宽。第一，从产业分布上看，我国农民专业合作组织经营第一产业的多，经营第二、第三产业的少。从事种植业及养殖业的占 90%，其他行业仅占 10%。第二，从组织和经营形式上看，我国农民专业合作组织松散型的多，紧密型的少。大部分农民专业合作组织仅从事单一产业，发展规模较小，服务功能较弱。例如，辽宁省平均每年发展 127 个农民合作组织，虽然发展速度较快，但规模较小、层次较低，吸引力不够，实际参与其中的农民并不多，平均每个组织不足 200 户，入社农户占全省农户的比重不足三分之一，覆盖面还比较小。

（三）普遍缺乏资金支撑，自我发展后劲不足。目前，农民专业化合作组织普遍缺乏资金支撑，很难得到金融机构的贷款支持。农民专业合作组织所从事的业务基本上都与农业相关，属于弱势人群经营的弱质产业，风险较大，效益

不高，很难吸纳社会富余资金；加上农民的收入水平较低，农民自身的积累非常有限，也严重影响了会员的投入。因此，农民专业合作组织生产经营资金普遍不足，持续发展乏力。据调查，近两年江苏省淮安市只有 24 个农民专业合作组织的资金相对比较充足，占到总数的 2.8%。另据统计，目前我国 95% 以上的农民专业合作组织存在着资金不足问题。

（四）低水平运作，缺少战略远见。 农民自发组成的农民专业合作组织往往是从无到有，白手起家，它们在技术引进、设备改造、农产品质量检测与标准化、企业管理、市场开拓、信息搜集以及经营网点分布等方面，都与专业化的大公司有较大的差距。农民专业合作组织规模过小，以乡村为单位组建的农村合作组织既没有较强的加工增值能力，也没有形成规模经济优势，市场竞争力极为脆弱。据调查，江苏省淮安市现有 850 家农民专业合作组织，运作水平普遍偏低，规模也普遍偏小，缺乏发展战略，其中只有 34 家年收入超千万元。

（五）政策落实不到位，外部环境欠佳。 第一，地方政府缺乏有效的扶持政策。据调查，很多地方市县两级政府缺乏具体的、操作性强的配套扶持政策，致使农民专业合作组织存在登记门槛高、资金紧缺、贷款难、公共服务缺位和技术供给不足等问题。第二，地方政府部门多头参与，但尚未形成合力。据调查，江苏省徐州市的农民专业合作组织就存在着多头管理问题。它们有的是组织部门帮助创办的党员合作社，有的是农业部门帮助建立的专业协会，有的是供销社系统帮助创办的专业合作社。这样就会导致主管部门不明确，难以形成有效的推进合力。第三，农民专业合作组织现有的税收优惠政策落实不到位。据调研，江苏省盐城市一些农民专业合作组织反映，单个农户自产自销无须交税，成立合作社到工商登记反而要交税费，增加了农民负担。

三、进一步加强我国农民专业合作组织的政策建议

（一）进一步加快落实《农民专业合作社法》，尽快制定出台相关实施细则， 为农民专业合作组织的制度建设和良性运行提供有效的法制保障。要在实施细则中进一步明确有关专业合作组织的以下主要内容：一要明确合作组织的章程。要进一步落实《农民专业合作社法》，完善有关组织章程和内部管理制度，要通

过章程的形式，明确合作经济组织和成员的权利义务，规范各自行为。要完善农民专业合作组织民主管理的各项制度，最大限度地保障合作组织成员的民主权益。二要明确积累发展的机制。要从利润中提取一定比例公积金、公益金和风险基金，保持合作组织的稳定性、连续性，提高化解各种风险的能力。三要明确建立健全监督约束机制。建立健全社会监督与内部监督相结合的监督机制，实现社会监督、系统监督、内部监督的紧密结合，充分发挥监事会和农民会员的监督作用，通过建章立制，确保农民专业合作组织健康发展。四要明确支持农民专业合作组织向紧密型方向发展。要重视和积极支持紧密型、半紧密型合作社的发展，在充分尊重农民意愿的前提下，积极引导有条件的专业合作组织向紧密型、半紧密型合作组织转变。五要明确完善利益连接机制。要积极引导农民专业合作组织，通过订单收购、股份经营、劳资合作、二次返利、品牌连接等方式，建立健全稳定的购销关系和利益分配机制。

（二）**多渠道筹集资金，解决资金短缺问题**。一是要加大财政扶持。省市县三级政府都要在本级财政预算中安排专项资金，支持农民专业合作组织开展信息、培训、技术推广等服务；对农民合作组织购置大型农机设备等固定资产给予一定比例的补贴；按照国家有关规定为农民专业合作社贷款提供财政贴息支持；明确合作社享受农业产业化龙头企业的优惠政策，切实要把扶持各类农民专业合作组织，作为直接补贴农民、支持新农村建设的一条有效途径。二是落实税费减免政策，各有关部门要切实履行职责，依法对农村合作经济组织在所得税、营业税、增值税等方面实行减免政策。三要积极改善农民专业合作组织的融资环境。要尝试利用财政扶持资金为农民专业合作组织创造有效的贷款担保机制；同时鼓励商业银行和各级农村信用社选择制度健全经营业绩好的农民专业合作组织，扩大信用社对客户的信誉担保范围及贷款额度。积极培育农村资金互助社，允许和鼓励在合作组织内部建立规范的资金融通体制。

（三）**加强市场监控，降低市场风险**。中央政府有关部门应该加强市场监控，掌握市场动态，及时准确地向农民专业合作组织提供价格信息、供求信息和生产信息等市场信息，提供中长期市场预测分析，帮助农民专业合作组织按照市场需求安排生产和经营，同时辅以宏观调控，建立健全市场机制。各级政府应逐步退出一些农资供应和农产品贸易领域，由农民自己经营，这样才能促进农业增效和农民增收，实现农民专业合作组织的健康发展。

（四）**加大扶持力度，营造良好发展环境**。制定扶持政策是国际上扶持农民专业合作组织的通行做法。针对农民专业合作组织的特征和现阶段我国农民合作组织发育的特点，各级政府要根据本地区农业和农村经济发展实际和发展方向，进一步制定更为详细、具有可操作性的扶持政策，特别要明确在人才技术、资金信贷、产业发展等方面的优惠政策。要加强软环境建设，要把加重农民专业合作组织负担问题纳入农民负担监管范畴，严禁任何单位和部门向农民专业合作组织乱摊派、乱集资、乱收费、乱罚款，切实维护合作组织和农民的合法权益，创造宽松的发展环境。

（五）**加大宣传培训力度，提高基层干部群众的思想认识**。首先，要进一步强化扶持农民专业合作组织就是扶持农业、扶持农民、支持新农村建设的观念，增强加快发展合作组织的紧迫感和自觉性，努力为合作组织的快速健康发展创造良好环境。其次，要大力普及合作知识、介绍合作组织的基本原则，弘扬合作精神，增强农民合作意识，培植农民合作的群众基础。再次，要积极对各县、乡主管农业的基层领导干部进行培训，努力培养造就一支善经营、会管理、懂技术、有奉献精神、善于带领群众合作致富的农民专业合作组织经营管理人才队伍。第四，要加大对农民的科技培训。要在农民专业合作组织和农民中选择有一定文化素质、热心农村服务的人进行专业培训，培养他们掌握合作组织的基本理论和具体操作方法，以壮大其专业队伍。

西部农村地区义务教育中的
突出问题及对策建议*

随着《国家中长期教育改革和发展规划纲要（2010—2020 年）》的颁布，我国西部地区相继启动了"国家贫困地区义务教育工程""中小学危房改造工程""农村寄宿制学校建设工程"和"农村中小学现代远程教育工程"等。部分农村家庭经济困难学生得到"两免一补"资助，巨大的资金投入和智力支持为西部地区的"两基"工作注入了强劲动力。但由于种种原因，西部地区义务教育仍然存在着诸多问题。

一、西部农村地区义务教育中的突出问题

（一）教学质量普遍不高，及格率较低，辍学率也出现了反弹。与全国平均水平相比，西部农村义务教育的普及水平还不高，农村教育整体薄弱的状况还没有得到根本转变。西部农村中小学的教学质量低下。例如，云南省景洪市景哈乡中心小学 2008—2009 学年六年级样本班，市统考语文成绩及格率 57%，数学及格率41%，全科及格率仅为32.6%。小学升初中不及格率占到70%—80%。初三年级教学质量检测成绩，语文及格率 21.35%，英语及格率 5.62%，数学及格率 20.79%，全科及格率仅为 2.75%。另据调查，云南省澜沧县木嘎乡 2008年的小学毕业成绩主要集中于 3—9 分和 20—29 分之间，没有一个学生达到及格线 60 分。近年来，西部地区农村学生辍学、流失率偏高，有的地方农村辍学

---

* 本文发表于《行政管理改革》2011 年第 2 期。

率高达 15%以上，严重影响了西部地区义务教育质量的提高。

（二）素质教育仅流于形式，限制了学生的全面发展。西部地区一些农村学校，义务教育往往仅流于形式和口号，义务教育被窄化为"语文+数学"的教育。西部地区很多农村学校严重缺乏体育场所与设施，缺乏美育教育资源，无法有效地开设音、体、美课程。社会实践活动未能有效地开展，学生的活动能力得不到良好的培养，素质教育和全面发展成为一句时髦的口头禅。应试教育下的标准化考试偏重求同思维，仅关注分数，忽视对能力的全面提升，限制了学生的全面发展。据调查，新疆、云南和贵州等西部省份仍然有 55%以上地区中小学的音、体、美等课程无法有效开设，素质教育依然比较落后。

（三）教育观念普遍不高，农村中小学课程与生活普遍脱节。目前西部农村义务教育在办学方向上出现了摇摆和震动，义务教育的本质属性被片面化。义务教育课程设置和教材的编写没有体现农村经济、社会发展的实际需要；学校课程全是文化课程，教学内容全是书本知识，课程与实践脱节，教育与生活脱节，教学方法简单，教学手段单一，农村的孩子和家长把"离农""厌农"作为刻苦学习的前提，把升学当作义务教育的唯一目标和出路。很多升学无望的学生感到学校里学的东西对他们没用，产生厌学情绪。培养的学生一旦未能考上大学，回到农村以后，"干活放不下架子，脱贫没有点子，致富没有法子，全身像个公子"。这种现象又进一步影响了农民对义务教育的看法，形成片面的教育无用论，造成了辍学率的升高，影响了义务教育质量。据调查，甘肃、宁夏和内蒙古等西部省份 60%以上的中小学有关农业科技知识课程仍然无法有效开设，农业科技教育比较滞后。

（四）教师队伍整体素质较为落后，令人担忧。一是数量总体不足，农村地区教师缺编严重。2009 年，对广西、四川、青海等省份 15 个县的 109 所中小学进行的专项督导检查结果显示，西部各省份普遍存在农村教师缺编的现象。西部农村地区由于财力不足，长期招不到足量、合格的公办教师，师范毕业生又分配不到位，原有教师又流失严重，参差不齐的代课教师便大量涌现于西部农村地区的中小学。2009 年我国中小学代课教师达 40 万人，广西、西藏、贵州、云南等省份小学代课教师比例均超过 20%，代课教师的大量存在和公办专任教师的严重短缺从根本上制约了农村地区义务教育的质量与健康发展。二是农村中小学教师结构难以满足需求。首先是学科结构不合理。语数等主要学科富余，而短线学科如艺体学科教师明显不够。四川省铜梁县安居初级中学有 20 个班，但没有一个音乐教师。其次是年龄结构不够合理。农村边远学校教师的年龄不同程度存在老化和断档问题。重庆市开县、云阳、万州等三峡库区农村中小学尤其是村小，教师老龄化现象较为严重，农村教师平均年龄在 40—50 岁之间，中老年教师占了 60%—70%。再次是教师素质令人担忧。西部地区农村学校与发达地区学校的教师相比，在学历、职称、能力、水平、见识等方面都存在较大差距，教师工作环境较差，收入待遇较低，工作负担较重。农村中小学教师很少有机会外出参加培训、开展学术交流，专业发展机会严重缺乏，在教育观念、教学水平、评价方式、课堂管理等方面存在诸多问题。

（五）农村教育经费投入，长期存在严重不足的现象。教育经费问题一直是困扰西部农村教育质量提高的瓶颈。2009 年西部地区基础教育人均经费仅为东部地区的 1/3 左右。从省均基础教育总收入来看，2009 年度东部基础教育经费省均收入是西部基础教育经费省均总投入的 2.5 倍。由于资金短缺，我国西南地区农村中小学普遍存在教学仪器设备数量不足、质量不高、校舍面积偏小、危房率高、图书达标率低等问题。西部农村地区仅有 30%左右的中学和乡镇中心校建立了实验室，而绝大多数实验室的仪器配备尚不完善，利用率极低。据调查，近几年来按国家规定的中小学生人均经费，许多地方一直未能足额拨发到校，并且还存在地方政府挪用中小学杂费的现象，加剧了农村义务教育投入的不足。

二、进一步提高西部农村地区义务教育质量的对策建议

（一）建立农村义务教育质量监控制度，全面提升农村义务教育质量。义务教育普及后，实施高质量的农村义务教育已成为新的战略重点。进行质量监控，最重要的是国家要确立义务教育基准，建立义务教育质量评价机制，确保贫困地区学生享有真正的义务教育。应规定义务教育生均公用经费、生师比、办学条件等方面的最低标准，制定改造低于义务教育国家基准办学条件以下学校的时间表。强化教育督导职能，建立国家义务教育基准监控体系和农村义务

教育投入的公示制度，完善经费监督与审计机制。加强农村义务教育预警，保障学生发展水平的质量。

（二）**加强九年制义务教育，降低辍学率。**一是依法治教，加大《义务教育法》的宣传力度。为本地区教育事业的发展营造一个良好的舆论环境。二是建立完整的、操作性强的"辍学"制约机制。由于各地面临情况不一，建议国家重新审视民族地区的"普九"政策，改进考核标准，制定衡量各地"控辍"工作的不同标准，帮助地方政府在真实的辍学现状的基础上作必要且可行的"控辍"努力。确保青少年在接受九年义务教育期间，家长不得让其子女停学。三是对于特别贫困地区的农村义务教育可以试行分层组合方式，即增加"5+4"或"6+3"分流模式，让一部分急于满足生存需要的农民子弟在接受基本的文化科学知识时，突出职业技能训练，使单一形式的九年义务教育配套 5 年或 6 年基本文化知识教育加 4 年或 3 年职业技术教育的模式，提高农民送子女接受教育的积极性，增强农村教育的适应性。

（三）**改革农村教育课程设置，促进西部农村中小学生的全面发展。**西部地区农村教育的课程改革，必须依据区域经济、社会、科技和文化等发展的需要和学生个性发展的特点，向综合化、个性化方向发展。一是课程目标要适应西部农村发展对国民素质的要求，反映农村教育特征的基本要求。处理好"社会需求""知识体系""学生发展"三者之间的关系，课程目标、课程结构、课程内容等方面要符合西部农村教育要求的课程形态和教学模式。二是课程体系要适应西部农村社会现在和未来发展的需要。可从小学高年级开始，将职业教育的内容逐步纳入教学之中。三是合理设计各种课程类别及其比例。重点调整必修课与选修课、普通课程与职业课程、理论课与实践课的比例。农村教育课程设置，要根据不同教育层次、类别，划分文化科学和技术或职业教育课程的比例，每一类别都兼有两种课程；以分科课为主，适当设置综合课；以必修课为主，适当设置选修课。

（四）**促进义务教育阶段师资的发展。**一是改善西部民族地区义务教育阶段教师待遇。教育投入重点向西部农村边远、贫困地区倾斜，逐步缩小城乡教育硬环境的差距，逐步实现城乡教师同工同酬。优先提高农村及偏远地区教师待遇，改善生活办公条件，在同等条件下优先解决农村教师职称晋升、住房、子女就业等方面的问题。二是建立东部和西部、教育发达地区和落后地区、城乡之间教师交流机制。对到西部交流任教两年、考核合格的东部地区教师，应在职称、工资等待遇上给予优惠。西部地区还应建立城乡教师定期交流制度，鼓励高水平的教师到农村中小学轮岗，并将是否履行过这种义务作为评定职称的条件。三是完善教师编制核定办法，适当增加西部农村地区教师编制。应按照现有在校学生数以及校点布局、班级数、班额度及课程变化，重新核定教师编制标准。对于西部农村地区新增加编制教师的工资，应由中央政府拨付专项资金解决。四是改革教育人事制度，全面实施教师资格制度。严格限制农村教师的准入制度，完善非师范类大中专毕业生从事教育工作的准入制度，实施真正意义上的教师聘任制。将具有丰富教学实践经验和教学能力的教师，安排在一线任课。大力推行教职工岗位聘任制度和结构工资制，完善激励机制。五是完善师资培训体系。建立以县教研室和教师进修学校为原点，以片重点中学和乡镇中心小学为基点，以完全小学为散点的师资培训网络，并定期对各校的常规教研和教育科研进行考核评估。

（五）进一步完善义务教育经费投入体制。建立中央和地方各级政府分工负责、责权明确、运行规范、稳定长效的经费保障机制。实行各级政府的经费分担制度，逐步实现农村教育的办学主体由地方转向中央。建议中央政府负责发放教师工资，拨付公用经费，经费投入约占65%；由省级政府负责建设校舍和学校设施经费，经费投入约占20%；地市级政府负责配仪器、保设备、添置图书资料，经费投入约占10%；县级政府和乡级政府负责维护学校设施，经费投入约占5%。对于西部特别贫困地区，农村教育投入可以试行完全由中央和省级财政分担，不再要求贫困地区配套资金。

加快发展农业保险，助力农村地区
全面建成小康社会[*]

当前我国正在加快全面建成小康社会，进行社会主义新农村建设，巩固农业基础地位，农业保险作为一种专业化、市场化的风险管理机制，可以通过分散农业生产、农村建设中的各类风险，在建设社会主义新农村中发挥积极的作用。近年来，在江苏、山东、四川、辽宁、新疆等有关省区，相继开展和深化了农业保险试点，取得了良好的效果，积累了宝贵经验。但是，随着农业保险试点的发展以及保障范围、覆盖面的进一步扩大，农业保险发展还面临一些亟待解决的困难和问题。

一、当前我国农业保险发展面临的主要困难和问题

虽然近年来全国农业保险保费收入不断提高，转变了多年来持续减少的局面，但从整体上看，农业保险仍处在缓慢发展阶段，制约农业保险发展的问题主要是：

1. 缺乏完善的农业保险法律法规。目前，我国尚没有关于农业保险方面的专门法律法规，而发达国家对农业保险基本都有专门的法律法规。法制的缺失给我国农业保险实践带来了较多困难，如农业保险的定位、政府在政策性农业保险中的作用和地位、对农险的支持原则、对农险投保人利益的保护、对保险公司的保护、如何保证农险的投保面等问题都难以明确或得不到有效落实，在一定程度上影响了农业保险的规范化发展。

---

* 本文成文于 2016 年 7 月。

2. 农业保险费率相对较高，农民承受压力较大。由于农业高风险的特点造成农业保险费率和经营成本相对城市保险业务要高很多，在许多农村地区尤其是贫困地区农民连扩大再生产的基本资金都没有，就更拿不出这笔钱。据调查，种植业和养殖业农民平均只能承受3%左右的保险费，大约占保费额度的1/3左右。农民承受保费的能力较弱，人均投保率较低，远未达到农业保险的基本目的。

3. 农业巨灾支持保护体系不完善。在发达国家，政府大多通过提供再保险或建立巨灾保险基金的形式为农业保险提供政策支持。我国目前没有农业巨灾支持保护体系，农业巨灾损失完全由保险公司独立承担，大量风险集中于农业经营主体自身，使得保险赔付率居高不下，经营主体的积极性、承保能力和持续经营能力受到严重影响。

4. 缺乏完善的财政税收政策扶持。目前我国对农业保险没有较大的财政税收支持政策，特别是没有直接的保费补贴。如果保险公司完全按照市场价格制定保险费率，农民买不起；如果按农民可以接受的价格制定保险费率，保险公司赔不起。而在美国对农业保险的平均补贴达到保费的50%左右，其中巨灾保险补贴全部保费；日本对早稻、小麦等险种的补贴高达80%。我国再保险机制也不健全，主要是为商业性保险业务提供再保险服务，而发达国家政府则是通过再保险支持农业保险发展。而我国尚未建立这种财政补贴和支持制度。

5. 农业保险机构的经营水平和管理能力有待提升。目前，我国农业保险的组织结构和经营能力还有诸多不足之处：组织架构不适宜，存在对广大农村地区的保险业务需求存在鞭长莫及、难以顾及的情况；从事农业保险业务人员数量明显不足；出险评估能力不适应。农业保险风险评估技术要求较高，目前各家保险公司的组织架构和业务人员技术水平还难以做到，也在很大程度上抑制了农业保险的发展。

6. 农业保险的现有险种少，与农户需求有差距。当前农业保险险种少，涉及范围小，且多处于试验阶段。现已确定的农业保险品种与不同地区农业生产实际需要差异较大，农户的很多保险需求难以得到满足，农业经济收入缺乏有效保障。从根本上看，农业保险的险种相对较少，保险公司缺乏开发农业保险品种积极性，对于新险种开发难度大，特别是在种植业和养殖业等具体项目的费率厘定方面难度更大。

7. 农业保险的赔付率高，保险公司缺乏积极性。我国是一个自然灾害多发的国家，自然灾害的发生不仅频率高，而且一次灾害发生的范围相当广泛，各种各样的自然灾害严重影响了我国的农业生产。目前，国内保险公司的农业保险范围主要集中在种植、养殖两业，受高风险、高赔付率等因素的影响，经营上基本处于亏损状态。自从开办农业保险业务以来，整个行业的赔付率一直居高不下，这就严重影响了商业性保险公司的积极性。据统计，1999—2008 年，中国人保公司农业保险的累积赔付率高达 94.65%；中华联合财产保险公司仅仅经营兵团内部种养业保险的赔付率就达到了 74%。如此之高的赔付率，令商业保险公司难以负担。

8. 全社会保险意识有待增强。多年来，我国一直实行大灾政府直接救济制度，导致农民对政府的依赖性较强，习惯于有困难靠政府，缺乏主动防范风险的意识。同时，许多地区或单位的有关部门也认为农业保险风险高，政府补不起，因而行政宣传推动力度不够；保险公司则普遍认为农业保险属政策性保险，没有政府补贴，自身也赔不起，导致了农业保险业务发展长期滞缓。

二、现阶段积极推动我国发展农业保险的政策建议

要从我国的农业实际情况出发，采取积极措施，进一步稳步推进农业保险的发展，为尽快推动我国农村地区全面建成小康社会做出更大贡献。

1. 应加强推动农业保险法制化进程。国家立法部门应尽快制定颁布《农业保险法》，以进一步明确农业保险的政策性质，以及农业保险在财政补贴下市场化经营的发展模式。通过立法，可进一步明确各个相关主体的责任，例如各级政府对农业保险所具有的责任，各级财政对农业保险的支持范围，以及保监会、行业协会在农业保险管理中的职责等。

2. 大力推动各级财政对政策性农业保险的支持力度。应积极落实各级财政对农业保险的补贴责任。发达省份的农业保险补贴可由各省财政负担，落后省份的农业保险补贴可由中央和地方财政共同负担。中央财政还要承担以下的补贴任务：对承担农业保险的商业性保险公司的农险亏损予以补贴，补贴的数额可根据具体情况确定。对再保险公司承担的农险再保险业务进行补贴，以调动再保险公司发展农业保险再保险的积极性。规定主要农业保险险种费率的补贴标准，还要将农业保险补贴列入中央财政预算。此外，建议对政策性农业保

业务或涉农保险业务单独核算，免征营业税和所得税。

3. 建议尽快在国家层面设立农业保险巨灾风险保障保险基金。农业保险巨灾保障基金的形成，可以依靠国家政策的扶持，在国家财政政策的引导下，在税收、利率方面得到政府支持。从我国的国情出发，建立全国性的农业巨灾风险专项基金。国家采取财政补贴和财政拨款的方式支持专项基金；各级地方政府每年拿出部分支农资金和救灾款项，充实基金；由专业农业保险公司发行债券和以国家投资为主，企业、社会团体等参股方式筹集风险专项基金；在商业性财险公司、各类人寿保险的保费收入中提取一定比例，用以建立农业巨灾风险专项基金。

4. 加大农险政策产品宣传，积极提高基本农险投保率。各级政府可组织农村基层干部学习保险知识，身体力行地带动农民参加农业保险；农村各种文化教育载体如农民夜校、广播电视都可将农业保险作为宣传教育的重要内容，促进农村经济主体提高参与保险的意识；保险公司可以主动采取农民喜闻乐见的方式，通过印制通俗易懂的宣传册、单、图片以及真实案例进行生动教育，营造浓烈的农业保险氛围；探索适当推行强制投保制度。只有通过强制投保，才能在足够大的领域和范围内分摊风险，避免逆向选择，降低农业保险费率。同时通过适度强制，可以大大减少保险公司经营农业保险的经营性支出，这两个方面都有利于减少财政补贴的成本。

5. 创新农业保险的多渠道销售服务模式。应大力发展机构保险代理业务。要在发展直销业务的基础上，可考虑与农业银行、农村信用社、邮政储蓄等机构建立保险业务代理关系，发展代理农业保险。应组织兼业保险代理队伍，培训发展兼业保险代理员，开展农业保险业务，使保险服务能够最大程度地延伸到广大农村和农户。应加强管理防范风险，努力防范代理保险业务过程中的操作性风险、市场风险和道德风险，确保农业保险健康发展。

6. 鼓励保险机构开发多样化农业保险产品。通过制定财政激励政策，鼓励保险公司遵循"保障适度、保费低廉、保单通俗、理赔便捷"的原则多开发农业保险产品，使保险服务覆盖农业生产、农村发展和农民生活的全过程，这样既可满足农户的多种农业保险的需求，同时也能转移农业保险的风险。[①]

---

① 张祖荣：《当前我国农业保险发展中的主要问题及对策》,《财经科学》, 2006 年第 19 期。

当前农村信用体系建设中存在的
主要问题及政策建议*

当前中国社会整体使用体系建设取得明显进展，对社会发展的促进作用日益突出。然而，相对于城市使用体系建设的成绩，农村信用体系的建设明显滞后。当前和今后一段时期，必须采取有效政策措施，加快农村信用体系建设。

一、当前农村信用体系建设中存在的主要问题

（一）村信用体系建设缺少法律保障。目前，在我国现行的法律体系中没有一项法律或法规为征信业务活动或农村信用体系建设提供直接依据，致使农村信用体系建设中"谁来征信、如何征信、谁来监督"等问题无法明确，使参与农村信用体系建设的有关各方职责不清，甚至是相互推诿，严重影响农村信用体系建设的进程及效果。

（二）信用意识较差，没有良好的信用习惯。一是随意违约、恶意逃废债务骗取银行、信用社信贷资金，个别企业和个人信用意识极差，对金融机构的贷款抱着能借则借、能逃则逃、能废则废的态度，造成金融机构债务悬空；二是信用习惯偏离，有些农村贷款主体在进行债务偿还选择时总是优先选择个人债务，故意拖欠金融机构债务。据调查，截至 2008 年末，安徽定远县农村信用社农户贷款按五级分类不良比率高达 23.5%。

（三）政府推动尚欠力度，创建氛围不够浓厚。农村信用建设是区域信用体系建设的一项基础工程，涉及方方面面，需要地方各级政府部门牵头主导，统

---

* 本文成文于 2010 年 12 月。

筹协调乡镇、村组，财政、纪检、宣传、司法、税务等相关职能共同参与，从政策、制度、管理和服务等多方面提供配套的政策支持和服务。而目前地方党政部门对此项工作的重视和投入，还仅仅停留在宣传发动和组织体系建设这个较浅的层面上，特别是对协助清收信用社欠款、联合制裁失信行为等对农村信用体系建设具有实质推动作用的关键性工作，地方政府往往不愿意牵头，"守信得益、失信受损"的激励约束机制和社会氛围不够浓厚。

（四）信用评定的科学性、权威性不高，信用激励效应难以充分发挥。由于农村信用建设还处在探索阶段，没有一个统一的信用评级标准，目前整个农村信用评级活动基本上全部由农村信用社一家金融机构独立进行，包括评定方案制订、评定标准、宣传发动、摸底调查、初评上报、评审认定等各个环节，可以说农村信用社是整个农村信用社区建设的倡导者、组织者、参与者和仲裁者，且所有的相关资料仅限农村信用社内部掌握，其他机构和经济主体既难以共享又难以认可，信用评级结果还仅仅是农户申请小额农贷的"入场券"，导致信用激励作用发挥的空间和效力还十分有限。

（五）农村征信系统推广缓慢，企业和个人征信系统尚未有效发挥出推进农村信用体系建设中作用。目前，企业和个人信用信息数据库系统尚未覆盖各农村金融机构，如安徽一些县的农村信用社，仅县联社信贷管理部在使用企业信用信息数据库系统，且不具备查询功能，如有业务需要，则必须到各个县的人民银行进行查询，而且个人信贷数据至今尚未进入人民银行征信中心个人信用信息基础数据库。由于没有形成统一的、全面覆盖农村各金融机构的企业和个人征信体系，农村金融机构很难了解、掌握企业及个人的资信状况，从而给农村金融机构防范风险、债权维护带来了困难和障碍。

（六）对农村信用体系建设的宣传不足，有关层面缺乏对农村信用体系建设的认识。一是部分基层人民银行没有及时向地方政府汇报农村信用体系建设的重要意义及进展情况，缺乏地方政府的有力支持和有关部门的积极配合。二是农村信用社对农村信用体系建设不够重视，没有认识到农村信用体系建设对改善农村信用环境，促进农村金融业务长足发展的重要作用。三是由于受人力、物力和时间的限制，征信知识宣传活动未能在农村全面铺开，宣传面较窄，农户征信知识缺乏，对农村信用体系的认知度低。

（七）农村现有信用担保方式不完善。目前农村信用社和农户之间的信贷担保主要使用"多户联保"方式，约占农村信用社各类担保贷款的 90% 以上。多户联保的担保方式要经过乡镇信用社和县级联社相关部门的层层审核评定，在一定程度上对于防范和化解农村信用社信贷风险发挥了作用。但随着农户经营的规模化、信贷需求的多样化和资金量的增加，这一担保方式明显不能满足农村融资和信用社防范信贷风险的需求。

（八）农户信用信息数据库采集数据项多，采集信息难度大。目前农户需要采集的信用信息分为基本信息、贷款开立信息、贷款还款信息、贷款特殊交易信息、家庭信息、综合信息等部分，需采集信息的数据量大。而我国的乡镇农村金融机构营业网点少，通常只有农村信用社一家，信贷人员仅有 1 至 2 人，面对遍布全乡（镇）成千上万户的贷款农户，不能保障准确完整真实地进行采集。

二、进一步完善农村信用体系的建议

（一）加快农村信用法律体系建设，提供良好的法律环境。完善信用立法、执法，尽快明确信息征集主体，规范信息征集及使用行为和范围，为信息征集提供良好的法律环境。通过农村征信的法律、法规和行为标准的建立，明确农村信用体系建设各主体的法律责任，使农村信息的征集、管理、信用等级的评估和失信行为的惩戒有法可依，以解决目前农村信用体系建设中的"谁来征信、如何征信、谁来监督"等相关问题。

（二）改善农村金融生态环境，提升农户诚信意识，培育农村信用文化。将农村诚信建设作为倡导"乡风文明"的重要内容，大力开展"信用乡""信用村""信用户"的示范活动，对守信户实行优惠信贷支持，对失信户予以信贷制裁，净化农村金融生态环境。对守信户实行"贷款优先、利率优惠、手续简化"的信用激励政策，使广大农民切身体验到"诚信"二字所蕴含的价值，充分认识到"守信卡"就是自己身边的"钱袋子"，让"有借有还、再借不难""守信得益、失信受损"的理念逐步深入人心，推动农村信贷环境实现明显改善。[①]

（三）**政府职能归位，提供良好的行政环境。**一是地方政府要把农村信用建设纳入本地区社会主义新农村建设和和谐社会建设总体规划，层层制定和下达信用户评定和发展计划并逐级纳入政府工作目标，促进各级政府进一步发挥"主导"作用。二是要积极探索建立配套的激励约束机制。一方面，要重视信用评级结果在政府公共管理和服务体系的运用，积极探索建立健全"守信得益"的正向激励机制，提升"信用"二字对社会公众的影响力；另一方面，要积极协调有关职能部门，充分运用政治、经济、法律、舆论等手段，适时开展专项治理活动，并对失信行为公开曝光，增加失信者的失信成本，加大惩戒力度。

（四）**发挥人民银行的主导作用，提供良好的管理环境。**人民银行作为信用管理机关，应主动与各金融监管部门、政府机构沟通协调，并在农村信用体系建设中发挥制度性和技术性主导作用，要在优选评级机构、营造外部氛围、激活评级产品供求关系、强化监督管理、推进各种信用信息平台对接等方面多做工作，谋求实现农村信用评级活动的外部化、评级产品的品牌化、评级市场的秩序化和信用管理的规范化，确保整个农村信用体系高效运转。

（五）**进一步加强企业和个人征信系统建设，充分发挥基层人民银行在农村信用体系建设中的积极作用，推动农村信用体系建设。**一是利用现有的企业和个人征信系统，构筑信息平台，为农村信用体系的完善提供信用信息资源。二是推进非银行信息采集工作，不断丰富信用信息资源，争取采集更多农民和乡镇企业建立信用档案，为农村信用体系建设奠定坚实的信息基础。三是通过加强相关技术培训，支持有条件的农村信用社和邮政储蓄银行接入企业和个人信用信息基础数据库，进一步扩大该数据库在农村地区的覆盖范围，为农村的信贷投入和农民进城创业提供更全面的信息支持。

（六）**加强农村信用体系建设的宣传，提高有关层面对农村信用体系的认识。**一是基层人民银行要及时向当地政府汇报人民银行征信体系建设情况以及农村信用体系建设的重要意义，争取当地政府的大力支持。二是基层人民银行加强与农村金融机构的沟通联系，积极宣传农村信用体系建设对促进农村金融机构

[①] 李胜贤：《当前农村信用体系建设存在问题及建议》，《河北金融》，2009 年第 3 期。

业务发展的重要作用，引导农村金融机构贯彻落实对信用村（镇）实行贷款优先、利率优惠等政策，积极推进农村信用体系建设。三是充分动员人民银行分支机构及农村地区金融机构的力量，在农村开展持续、长效的征信及相关金融知识的宣传普及工作，帮助农民培育信用意识，维护自身信用记录，不断强化农村居民的信用观念，提高广大农户对农村信用体系建设的认识。

（七）加快农村信用担保体系建设。鼓励、引导民间资本参与担保公司组建，不断提升担保公司的担保实力，推动农村信用体系的建立和完善。

（八）精简农户信用信息采集数据项，提高信息采集质量。一是减少部分与农户信用信息无关或关系不大的数据项；二是在减少采集农户信用信息数据项的基础上，进一步根据各数据项对农户信用的参考价值，分为必须采集数据项和选择性采集数据项。通过精简农村信用信息基础数据库的采集数据项，适当减轻农村信用社人员的工作量，促进采集工作正常开展，保障采集数据的质量。

新农村建设中垃圾污染防治问题及对策建议[*]

随着社会主义新农村建设的快速发展，生活垃圾、工业垃圾等垃圾污染问题日益突出，已成为新农村建设的重点和难点。处理好垃圾污染问题既是改善农村生活环境、适应新农村可持续发展的客观需要，也是新农村建设必须关注的重要内容。

一、农村垃圾污染防治工作中存在的问题

（一）**新农村建设中的垃圾防治不力，污染现象严重。**目前垃圾污染形势依然十分严峻，生活污染、农业面源污染、工业污染以及生态破坏等严重制约了新农村建设和农村可持续发展。一是生活垃圾、污水污染日益严重。据统计，目前我国农村每年产生生活污水约 80 亿吨，生活垃圾约 1.2 亿吨，大部分得不到有效处理，严重污染了农村地区居住环境。二是农业面源垃圾污染日益加大。当前我国化肥、农药利用率均不足 35%，农膜年残留量高达 45 万吨。以河北省为例，2009 年农用化肥使用量为 411.87 万吨，农药使用量为 93520 吨，农用塑料薄膜使用量为 183687 吨，未被利用的化肥、农药残留于土壤或直接进入空气和水环境中，加上残膜留存的影响，导致土壤板结、耕作质量下降，农业面源污染问题突出。三是农村工业垃圾污染日益突出。我国乡镇工业企业普遍布局分散、设备简陋、工艺落后，污染处理率低，企业污染点多面广，难以监管和治理，而且随着城市环境准入条件提高和环境管理的加强，一些地区化工、炼焦等污染企业出现向农村转移的趋势，工业废水基本不经处理便流进农田，

---

* 本文成文于 2011 年 2 月。通讯作者：梁洁，简介同前。

污染河道。四是畜禽养殖垃圾污染日益加剧。近年来，随着农村畜禽养殖业逐渐扩大，农村畜禽养殖的规划和管理出现缺失，规模化养殖率低，畜禽粪便污染严重，畜禽养殖逐渐成为农村环境污染的主要污染源。据统计，截至 2009 年末，河北省全省生猪存栏 3822.41 万头、家禽存栏 75167 万只、牛羊存栏 979.1 万头。由于畜禽散养规模所占比重较大，缺乏集中处理粪便的设施，给当地带来了较为严重的粪便污染问题。

（二）在农村垃圾污染防治的立法上存在缺失。目前我国农村垃圾污染防治立法与城市垃圾污染防治立法相比，显得十分不足。我国环境保护的基本法——《环境保护法》，作为一般环境保护法律法规的渊源，其涉及农村的只有第二十条"各级人民政府应当加强对农业环境的保护，防治土壤污染、土地沙化……合理使用化肥、农药及植物生长激素"，而且只是间接提到农村的垃圾污染防治。2005 年施行的《固体废物污染环境防治法》虽然新增了有关农村固体垃圾防治的条款，但有关内容很少，尤其是该法的第三章第三节"生活垃圾污染环境的防治"，基本是针对城市污染问题制定的，涉及农村只有一两条，而且很简略。可见，该法依然具有较明显的滞后性。随着农业现代化进程的加快，农村环境问题日益突出，而与之相关的法律法规更显不足。虽然国家"十一五"规划也提出"推进农村生活垃圾和污水处理，改善环境卫生和村容村貌"等，不过它并非是法律，强制力和执行力明显不足。

（三）农村垃圾管理体系不健全。一是县级以下负责垃圾处理的环保机构很少。2009 年全国有各级环保系统机构 11932 个，其中国家级 42 个，省级 345 个，地市级 1818 个，县级 8154 个，乡镇级 1573 个。可见，我国的环保机构大多延伸到县一级，乡镇级非常少。二是环境监管体制不健全。环境规制机构可以以行政规章的形式制定法律和标准，并在执法过程中有较大的自由裁量权。这样往往可能保护那些企业在创造经济利益的同时继续排污，严重影响了农村的环境。而对于农业生产垃圾来说，更是缺乏合理的监管机构和政策来加以规范。农业生产垃圾主要有秸秆、残余农药、化肥等，尤其是后两者会直接污染土壤和水源。三是农村垃圾污染信息具有明显的非对称性。例如，公众对环保知识的无知而生产厂家对污染信息封锁；主管部门和污染者之间掌握信息的不对称性；百姓和污染者掌握的信息不对称性；监管部门与百姓掌握的信息不对称性。

（四）农村垃圾污染防治资金的来源不足。农村垃圾污染防治本身是一项公共事业，公益性很强，没有投资回报或回报率较小的领域，对社会资金缺乏吸引力，需要政府发挥主导投资作用。而乡镇和村一级行政组织普遍财源不够，连应付生产性基础设施建设都不够，更难以投资治理污染基础设施。另外，国家在垃圾污染治理方面也存在着不利于农村的政策导向。长期以来，中国污染防治投资几乎全部投到工业和城市，对农村垃圾污染治理投入很少。近年来，新执行的排污费制度在集中使用上对城市垃圾污染治理制定了许多优惠政策，如排污费返还使用等，而在农村却没有实施。因而，农村在垃圾污染防治上缺少资金的来源渠道。

（五）农村现有垃圾收集方式简单，垃圾处理方式单一，造成垃圾减量化困难。目前农村清运垃圾时只是把每个垃圾存放点的垃圾简单地混合在一辆车上运到垃圾集中点，然后再装上垃圾运输车送到垃圾处理场。这种简单的垃圾收集方式，由于没有进行垃圾分类，无法进行资源化利用，只能把全垃圾送到填埋场填埋，导致垃圾的数量不减反增。垃圾处理方式也比较单一，致使垃圾资源化无望。农村的垃圾处理，目前主要利用废旧土坑、洼地等进行填埋，而很少专门建设一些垃圾填埋场。这样，就导致日益高出地面的"垃圾山"引起周边环境问题日趋严重。此外，由于对垃圾不进行分类处理，就把能回收利用的和不能回收利用的、有机物和无机物、有毒有害和无毒无害物质混合在一起，全部变成了有害物质。这样既浪费了大量土地资源，也不利于发展生物质能源和有机物质堆肥还田，致使大量有用物质无法进行循环利用。

（六）广大农民和农村基层政府的垃圾防治意识不强。一方面，目前我国农村的消费水平较低，大多数农民的文化素质较低，环保意识不强，参与环保行动的积极性不高，较少购买价格相对较高的环保用品，生活垃圾随处乱扔，各种垃圾相互掺杂，仅靠环境本身来"自净"这些垃圾是远远不够的。久而久之，农村的垃圾污染问题就会越来越严重，这也是造成我国每年有 1.2 亿吨的农村生活垃圾几乎全部露天堆放的一个主观因素。环保的公益性质很强，如果政府有关部门不加以规制，那么，农民由于受传统的小农本位思想的影响，不会放弃个人某些利益去换取公共利益。另一方面，农村基层政府的垃圾污染防治意识也不够高。农村基层政府为了吸引投资，加快当地经济的发展，往往会忽视对农村环境的保护，并且农村基层政府信息不够公开，不利于农民了解和监督政府对垃圾污染的管理和处置等情况。

二、做好农村垃圾污染防治工作的对策建议

（一）进一步加大垃圾污染分类防治工作的力度

1. 大力推进农村生活污染治理。要加快县城生活垃圾处理场建设步伐。积极推广户分类、村收集、乡运输、县处理的垃圾处理方式；有条件的乡镇，可以联合周围村庄，推进区域性垃圾集运和集中处理；加强垃圾资源化的宣传、引导，动员农民实行垃圾综合回收利用。要在农村推广"改厕、改圈、改厨"三位一体沼气池建设。积极综合利用粪便和作物秸秆发展沼气池，利用沼气做饭、沼气照明、沼液喷洒蔬菜果树（代替农药），还可利用沼液和沼渣作为有机肥料还田（代替无机化肥），增加土壤有机质。

2. 坚决控制农村工业污染。农村承接城市工业产业转移，绝不能接受污染转移，对工艺落后、设备简陋、污染环境等违反国家产业政策的项目一律不接受。对工艺落后、设备简陋、污染较重的企业，要依法取缔关闭，并强化监管。乡村工业企业要加快向工业园区集中，实行污染集中控制、集中处理、集中监管。对现有的乡村化工、印染、造纸等污染较重的企业应集中整治，确保达标排放。

3. 搞好畜禽养殖污染治理，保护好饮用水源。科学划定禁养区、限养区和养殖区，限期关闭、搬迁禁养区内的畜禽养殖场，鼓励建设生态养殖场和健康养殖示范小区。发展生态型畜牧业，积极推进畜禽适度规模养殖，加强畜禽养殖排泄物治理，实施畜禽粪污能源利用工程，加快畜牧业生产方式转变。加强水域养殖容量调查，科学确定水库、湖泊网箱养殖规模，强化水产养殖的监督管理，严禁在饮用水源（水库、湖泊、江河）内搞网箱养殖和开发旅游。

（二）加强农村垃圾污染防治的立法工作

一是，应在《环境保护法》中增加农村垃圾污染防治、环境保护等内容，在加强农村垃圾污染防治、环境保护工作方面给予法律保障；或将现行《环境

保护法》修改为《城市环境保护法》，再重新制定《农村环境保护法》。应在新法律上赋予乡镇级政府对本地区在垃圾防治等环境管理上的监督管理权，以利于环保工作更有效地深入到农村。二是，以《中华人民共和国宪法》和《环境保护法》为法律渊源的《固体废物污染环境防治法》，对于农村的固体垃圾污染防治的规定太少，也应增加有关农村固体垃圾污染防治的条款，或也将该法区分为城市和农村两类分别进行立法。三是，可借鉴我国发达地区（如浙江）及国外的先进经验，在农村固体垃圾污染防治立法上，结合建设新农村的任务及特点，制定一个适合农村垃圾防治和环境保护的法律法规。

（三）加强农村垃圾污染防治规划，健全污染防治监管机制

要把农村垃圾防治工作纳入新农村建设的总体规划，形成县级政府牵头、乡镇级政府实施、村委会具体负责、村民广泛参与的污染防治工作机制。要加强规划，各级政府根据资源禀赋、环境容量、生态状况，以乡镇环境保护、农村饮用水源地保护、小流域治理为重点，尽快完善农村环保规划，明确不同区域的功能定位。要严格办理环保审批手续，从源头防范控制环境污染和生态破坏。要健全监管工作机制，成立农村环保工作领导机构，加强监督检查。进一步明确各级各有关部门的职责，建立环保部门牵头、相关部门参与的联席会议制度，并将农村环境保护纳入各级各有关部门及其领导班子的考核内容。延伸基层垃圾处理机构。尽快在乡镇级政府增设垃圾处理机构。如环保中心站，配备专业人员。在所辖区域内进行环境执法和监督工作，积极指导农民的农业生产活动，以保护农业生产环境。同时，还要努力提高环保工作人员的专业水平。逐步建立城乡一体的环卫监督管理工作机制。充分发挥城市现有环卫管理的优势，将人才、设备、做法等逐步引入农村。

（四）加大推广生态农业、循环农业

一是要大力推广节肥节药技术，进一步调整优化用肥结构，提高肥料利用率。推广应用高效、低毒、低残留农药新品种，淘汰"跑、冒、滴、漏"的生产器械，减少农药用量。二是要加强农产品产地环境管理，严格控制主要粮食产地和蔬菜基地的污水灌溉，加大对绿色食品生产基地的建设和环境监管力度。同时建立土壤环境质量监管体系，做好土壤污染状况调查，搞好土壤污染修复，确保农产品质量安全。三是积极推广垃圾"资源化"新途径，更好地为新农村建设服务。鼓励发展循环农业、生态农业，有条件的地方可加快发展有机农业。制定优惠政策鼓励和扶持一批农业废弃物资源化利用和无害化处理的龙头企业，以延长农业产业链，大力发展循环经济和生态产业，积极兴办"乡村清洁示范工程""生态富民家园工程"活动等。

（五）完善农村垃圾污染的监测体系，积极引导垃圾污染的防治工作

一是要完善农村垃圾污染的监测体系，建立健全监测指标和信息系统，可以县为单位建立垃圾污染防治数据库系统，重点加强农村饮用水源保护区、规模畜禽化养殖场和重要农产品产地的环境监测。加大农村环境监督执法力度，严肃查处企业违法排污行为，严厉打击各类环境违法行为。二是要加强引导，要进一步深化生态县、生态示范区和环境优美乡镇创建工作，抓好农村生活垃圾分类收集和就地减量化处理、农村生活污水处理、畜禽养殖污染治理等试点示范工程，以点带面，逐步推开。通过农民喜闻乐见的形式，尽快推动环保知识进村入户，广泛开展农村环保宣传教育和技能培训，增强农民群众环境意识，发挥好农民群众的积极性。

（六）进一步发挥民间组织在农村垃圾污染防治中的作用

充分发挥各类农村非政府组织的宣传教育和环保数据调查的作用。民间组织可大力加强对环保政策的宣传教育，以便让环保法律法规、政策、知识等便捷有效地深入到农村，提高农民的环保意识。如可通过妇联的宣传，有效地提高广大农村妇女的环保意识，进而对生活垃圾的排放起到显著的控制作用。可以兴办垃圾开发利用类的农民专业合作社。通过对农村各类垃圾加以利用，既能创造经济利益，又能有效地处理农村废弃物，保护农村环境。农民专业合作社可从农民手中购得垃圾，然后制成有机肥等成品进行出售，以此来处理农村可开发的废弃物，同时，也可缓解政府在环保方面的投入。同时，应结合当地经济发展水平及污染状况成立环保类的纯民间组织，加强对地方性的环境保护和执法监督。

（七）要进一步加大对垃圾污染防治的投入

垃圾污染防治是公益事业，要以政府投入为主，逐步建立政府、企业、社会多元化的投入机制。各级政府要设立农村垃圾污染防治专项资金，各级财政新增财力要向农村环境整治倾斜；排污费应有一定比例用于农村环境保护；新农村建设资金要加大对农村生活污水、生活垃圾处置等环保基础设施项目的投入；对有机肥料生产企业和农业废弃物资源化利用企业，要给予一定财政补贴或税收减免。按照"谁投资、谁受益"的原则，探索建立流域下游受益主体对上游的生态补偿机制，研究制定乡镇和村庄两级投入办法，引导和鼓励社会资金参与农村垃圾污染防治。

（八）加大对垃圾防治工作的宣传教育

进一步广泛宣传农村环境污染问题的严重性和污染治理的紧迫性，不断提高广大农民的环境保护意识。由县级政府统一组织，乡镇政府密切配合，邀请专业人士或环保部门工作人员，用身边的事为素材，编印宣传材料，进村入户深入细致地宣传垃圾对身体及农业生产的危害性，提高村民对垃圾危害性的认识，教育村民养成文明健康的生活习惯，使垃圾处理成为村民的自觉行为。号召村民，尽量减少日常生活垃圾，简化包装、倡导使用可利用、可降解的包装材料。还应将环保类的教材纳入农村义务教育体系和农村职业教育体系，通过环保教育来培养社会主义新型农民。

加快边疆少数民族地区农村
劳动力转移的对策建议*

边疆少数民族地区是我国贫困程度较大、贫困人口较多、贫困情况较为复杂的地区。解决边疆少数民族地区的贫困问题，较好的办法就是转移农村劳动力。

一、制约边疆少数民族农村劳动力转移的因素分析

（一）**边疆少数民族地区的农村劳动力文化素质较低。**例如，新疆维吾尔自治区农村维吾尔族劳动力中文盲或半文盲比例占 7.1%，小学程度占 44.4%，初中程度占 39.4%，高中及中专程度占 8.7%，大专及以上程度仅占 0.4%；在农村劳动力中，未接受过专业培训的比例高达 72.2%。另据有关调查数据，云南少数民族地区的农村劳动力中，小学以下文化程度的占 53.8%，未接受过专业培训的占 85.7%，只有 14.3%的农村劳动力接受过培训。

（二）**边疆少数民族地区的语言、文化与汉族差异大，特殊保护政策也制约了劳动力转移。**边疆少数民族地区农民在多数情况下用本民族语言，限制并减少了与当地汉族居民的接触和交流的机会。而在宗教、生活习俗等方面的不同，增加了不同族群之间的文化隔阂，影响少数民族农民工与本地族群成员的日常交往和合作。宗教在很多少数民族生活中占有重要地位，日常生活中宗教气氛比较浓，宗教意识比较强，具有自身的独特性。这些独特性有时会影响少数民

---

* 本文成文于 2009 年 12 月。通讯作者：梁洁，简介同前。

族与汉族的交往，从而影响少数民族地区的劳动力转移。此外，少数民族在生育上不受计划生育政策的约束，享受特殊的生育保护政策，允许他们多生孩子。当他们一旦进城以后生活成本增加、生活压力加大，如果他们不改变现有生育观念和生育方式，继续多生孩子，在没有更好的生育和医疗保障情况下，必然会比在农村增加更多的生育和医疗成本，这也必然制约了少数民族劳动力进城务工。

（三）内地有些地区对少数民族劳动力存有一定偏见。内地一些地区的用工单位，有时会以语言、习惯不便为由不愿招收少数民族劳动力，导致少数民族外出务工人员就业生存压力加大，经济收入受影响。少数民族流动人口在服饰打扮、语言行为、处世方式等方面，也与内地群众有较大差异，加上历史形成的大汉族主义的影响，内地城市中的部分汉族群众对少数民族群众仍抱有偏见。例如，据有关媒体报道，近期在江苏、浙江和广东等一些沿海发达地区，就出现了一些民营企业老板对维吾尔族、藏族等少数民族劳动力求职，采取了拒绝或回避的态度。

（四）地理位置较为偏远，交通和信息不畅。边疆少数民族地区距离沿海发达地区长达数千公里，路途远、成本高等，不可能实现大规模农民工去内地打工。距离越远，获得工作机会的信息就越有限。新疆的城市之间距离比较远，从乌鲁木齐到疆内其他城市有的甚至远达 1500 公里。除乌鲁木齐与昌吉州的距离较近外，其他各城市之间的距离均在 100 公里以上，使得城市对周边地区特别是广大农村的辐射带动作用受到制约。此外，少数民族农村地区的乡村道路建设落后，生态环境恶劣，也制约了少数民族地区农村劳动力向外转移。据调查，由于西藏自治区地处高原、地势高峻、交通不便、地形复杂、气候类型多样，多年来西藏地区农牧民劳动力转移也存在较大困难。

（五）边疆少数民族地区的城镇化水平低，民营经济以及其他非农产业发展缓慢。例如，2008 年新疆维吾尔族农村人口占新疆维吾尔族人口比重达 77%；而在维吾尔族人口聚居的南疆地区，农村人口比重则高达 85%，维吾尔族的城镇化水平更低。边疆少数民族地区农村小城镇建设和民营企业发展缓慢，民营经济的总量不大，在 GDP 中的比例普遍过少，农民就业渠道和空间狭窄。例如，

2008 年新疆维吾尔自治区非公有制经济总产值占全区 GDP 的比例不到 10%，与浙江等省 90%的比例相比差距甚远。

（六）边疆少数民族地区城乡分割严重、二元结构体制滞后。传统户籍制度造成的城乡二元分割结构，使边疆少数民族地区农村劳动力很难向城镇迁移。普遍存在的农民工子女上学难等问题，也严重制约了少数民族地区农村剩余劳动力转移。另外，由于土地流转机制不完善，使部分边疆少数民族地区农民，既想外出务工多挣点钱，又不能荒废了承包地。这种状况决定了大部分少数民族农村剩余劳力农忙季节在家忙，农闲时间在外干，形成了"季节型"的务工群体，影响了少数民族农村劳动力向城镇转移。

二、加强边疆少数民族农村劳动力转移的政策建议

（一）加强边疆少数民族地区农村劳动力现代文明意识和科学素质培养，逐步提高农村劳动力素质，增加就业竞争能力。首先，要加强对少数民族汉语教育，尤其要强化中小学汉语教育，对中小学生实行免费的强制性汉语义务教育，还可适当选拔一些优秀的少数民族青少年到内地发达地区的汉族中小学来学习汉语文化。同时，还要积极鼓励汉族青年到边疆少数民族地区从事汉语教育工作，并将其工作经历作为晋级、提升的条件。其次，加强边疆少数民族地区农村成人技能教育和职业培训。依据边疆农村劳动力特点，有针对性地开展各种实用技术培训，有计划、有重点、分层次举办各种类型的短训，提高农村劳动力的竞争意识和实用技能水平。政府可以考虑运用部分扶贫资金或支农资金来集中培训，增加教育和扶贫力度。第三，加强对边疆少数民族地区农村劳动力的现代科学文明宣传教育。通过对科学文化知识的宣传普及，使广大少数民族农民能够逐步摆脱封闭的宗教意识形态，从而树立起具有现代文明的世界观。第四，应加大教育投资力度，提高农村劳动力受教育水平，提高边疆少数民族地区农村劳动力综合素质。在边疆少数民族地区的农村普及九年义务教育，保证适龄儿童入学，为以后就业打好基础，这样既延迟了农村新增劳动力进入劳动力市场的时间，又缓解了农村新增劳动力的就业压力。

（二）在边疆少数民族地区逐步建立城乡平等就业制度，消除社会对少数民族农民工的歧视和偏见。加快我国边疆少数民族地区户籍制度改革的步伐，逐步剥离依附于户籍制度上的各种权能。一是各级政府应高度重视少数民族农民工子女入学教育问题，当地学校在收费项目和标准上要一视同仁，不再收取借读费、择校费或要求少数民族农民工捐资助学及其他费用。而对于留在农村的子女，当地政府应建立相应的组织，采取有效措施，保障其上学和生活，免除少数民族农民工的后顾之忧。二是要切实维护少数民族农民工的合法权益，改善少数民族农民工的劳动、生活环境，使其与城镇职工享有同等待遇。三是要加强对进城务工少数民族农民工的生育、医疗等社会保障，引导他们少生、有生，探索与其民族宗教、文化等相适应的、行之有效的管理办法。

（四）积极鼓励边疆少数民族地区民营经济和中小企业发展，为劳动力转移提供更多就业机会。边疆少数民族地区应积极为非公有制经济发展营造良好的竞争环境，培育和打造一批能够参与国际竞争的大企业集团，使之成为巩固和增强边疆少数民族地区经济实力的重要力量；同时也要根据发展条件和现实需要，支持和引导边疆少数民族地区民营中小企业快速发展。通过发展地方特色经济，带动边疆少数民族地区劳动力转移。

（五）加大各项政策落实力度，建立健全边疆少数民族地区农村劳动力转移管理机制。要加大督查力度，确保国家扶持边疆少数民族地区农村劳动力转移政策措施落到实处，边疆少数民族地区应对农民工采取与城镇职工"同工同酬"的平等就业政策，建立边疆少数民族地区劳动力工资按时发放的长效机制。建议从中央到地方各级政府设置管理边疆少数民族地区农村劳动力转移就业工作的专门机构，彻底改变边疆少数民族地区农村劳动力转移工作多头管理、分散负责的局面，尽快将边疆少数民族地区农村劳动力转移工作纳入统一、规范、高效的管理轨道。

（六）发挥社会中介力量，重视开拓边疆涉外劳务市场。在边疆少数民族农村地区中成立专业合作社等中介组织，通过这些专业合作组织全面、具体地掌握本地区农村少数民族的就业情况，帮助他们解决在法律、语言、生活方面所遇到的困难，积极协助政府解决民族问题，及时化解民族矛盾。另一方面，还要注重积极开拓边疆涉外劳务市场。例如，新疆维吾尔自治区地处我国西部边陲，与8个国家有边界线，它们与新疆有着同样的宗教甚至同样的民族，语言、风俗习惯等比较相近，便于交流，同时相对于内地而言距离更近，在劳务输出方面新疆与沿海诸省区相比有着得天独厚的优势。可充分发挥新疆民族手工业的优势，努力开拓国内外劳务市场，扩大劳务输出、增加劳务收入。

其　他

认证认可工作对地方经济社会
发展的促进作用*

    我国认证认可工作按照"十一五"规划确定的工作方针，以服务经济建设和社会发展为长期的奋斗目标，对于各地经济社会发展起到了很大的促进作用，主要体现在以下十个方面：

    一、以科学发展观为指导，以"十一五"规划为纲要，以促进认证认可工作发展为动力，推动了各地区经济社会的发展。近年来，各级政府和各级认证认可监管部门结合各地的实际情况，积极探索认证认可监管新机制、新模式，不断提升创新能力、服务能力和竞争能力。天津市质量技术监督局依托市政府召开全市大会推动认证认可工作，将加强认证认可作为推动滨海新区建设和促进天津市新型服务业发展的重要举措。北京出入境检验检疫局联合工商、商务部门发文，在全市商业服务业推动认证认可工作，以有利于奥运会圆满召开。吉林省政府十分重视建立良好农业规范（GAP）认证示范基地的试点工作，分管省领导对质检系统地方两局的相关工作提出了具体要求。广东出入境检验检疫局建立了与省市政府之间的信息交流渠道，围绕地方工作大局抓认证。这些做法，创造了富有特色的认证认可工作经验，为地方经济社会发展起到了很好的促进作用。

    二、有力地促进了各地区的和谐社会建设。通过推动认证认可工作，提高了产品质量安全水平，保障了公众职业健康安全、保护了自然环境和消费安全。各级政府部门和行业组织积极采用认证认可的有效成果，一些政府部门甚至把

---

* 本文发表于《宜春学院学报》2008 年第 12 期。通讯作者：梁洁，简介同前。

认证认可各项指标作为衡量地区和谐社会建设的参数。各地消费者协会连续多年把提高公众对强制性产品认证的认知度，作为维护消费者权益的有效措施。北京市海淀区政府为提高组织建设和谐社会的能力，在所属60余个委（办、局）和街道办事处整体推动质量管理体系认证，提高了工作质量和行政效率、降低了管理成本，减少了行政风险，树立了阳光政府形象，政府系统的各项管理工作有了较大改善。

三、大力支持了各地区的社会主义新农村建设。全面推进农业标准化建设，推行"公司+基地+标准化"模式，加快农产品质量认证。按照最近四年中央一号文件的要求，推动各地农业按照工业化管理，促进了农业规模化、集约化经营。对于全国重要的粮食生产基地，结合国家食品和农产品认证发展规划，针对各地区的优势农产品和特色产品，组织开展了无公害农产品认证，进一步完善了有机产品认证体系，推动了"有条件的地方加快发展有机农业"。指导和帮助农产品、食品龙头企业获得卫生注册登记，持续推进农产品、食品生产加工企业食品质量安全控制和管理水平的提高。扶植优势农产品的发展，在农产品种植、养殖及加工企业中积极开展良好农业规范（GAP）及危害分析和关键控制点（HACCP）等技术培训和应用推广工作，使各地区的种植、养殖和食品加工企业尽快获得国家良好农业规范认证和国家食品质量认证。做好良好农业规范试点工作的组织协调，推动良好农业规范在出口食品农产品企业和农业标准化示范区的应用。目前，GAP认证已在18个省、直辖市的286家企业开展试点，我国有机农产品种植面积逐年增加。

四、努力发挥了认证认可在建设资源节约型、环境友好型社会中的作用。积极支持各地加强资源节约、生态建设和环境保护。鼓励各地大力开展节水、节能和环保认证，促进节能节水改造、资源综合利用，加强生态环境保护，发展循环经济。围绕国家推动建立资源节约型社会的宏观政策，把促进节电、节水、节油和可再生能源等领域的认证作为工作的重点。协调发布相关办法，推动节能产品认证制度的有效实施（节能环保汽车产品认证工作已经启动）。加强能源等领域认证技术规范和标准的制定，积极推动各地在政府采购、财税减免等方面采信相关节能认证结果。大力支持已获准成立的工业农业节水、节能型交通工具等产品认证机构，按照建设环境友好型社会的需要，制定统一的国家环境友好型产品认证制度，推动环境管理体系认证。积极推动有关环保、生态认证国际标准的研究和利用。把好市场准入门槛，防止资源消耗大、污染环境重的产品进入市场，鼓励节能降耗的产品供应市场。加强对太阳能光伏系统等可再生能源产品认证实施规则的制定和实施工作，建设符合中国国情的森林管理体系认证制度。

五、积极推进了各地区的产业结构优化升级，有力支持了各地区现代装备制造业和高技术产业的发展。在各地建设了类型多样的大中型企业现代装备制造业及高技术产业基地，积极推进产品、管理体系和服务认证工作，使大部分大、中型企业能够尽快通过质量管理体系认证，引导和帮助其有关产品顺利通过强制性产品认证，基本实现按国际标准进行管理，强化自我约束机制，促进企业内部管理水平和产品质量的不断提高。积极引导企业将产品质量和质量保证能力置于科学、公正、有权威性的认证机构的经常性监督之中，逐步形成了既有质量保证又有竞争性的产品市场，建立了政府间接控制产品质量的有效监管机制，促进各地产品质量持续提高。

六、积极促进了各地对外贸易发展，积极引导企业提高管理水平和产品国际竞争力，鼓励企业参与国际竞争。重点扶持各地企业通过强制性产品认证和管理体系认证等相关认证。大力推荐和帮助农产品、食品、高新技术等出口产品生产企业对国外注册，积极推进 HACCP 认证和有机食品认证，提高出口产品及生产加工企业的国际竞争力，使有关地区的更多企业和产品走向国际市场。鼓励出口食品企业采取"公司+基地+标准化"的出口食品生产管理模式，积极向国外推荐食品加工企业，争取更多的食品企业在国外注册，不断扩大出口。在种植、养殖企业推行良好农业规范（GAP）国家标准，对符合条件和取得 GAP 认证的，优先给予备案和推荐对外注册。初步建立了"出口食品生产企业卫生注册网上审批系统"，优先解决出口食品、农产品中遇到的问题。按照"实行企业出口产品卫生注册制度和推进农产品检测结果国际互认"的要求，加强对注册企业的动态监管，帮助企业建立持续改进和自觉保持注册要求的内部机制，通过扶优扶强，提高食品和农产品质量安全。

七、切实发挥了对各地质量安全方面的保障作用。努力贯彻《质量振兴纲要》精神，抓好各地质量管理体系认证、强制性产品认证与自愿性产品认证的推动工作，推动食品安全管理体系认证规范发展，扩大食品质量认证的产品范围。重点发挥好强制性产品认证在产品质量安全保障方面的基本功能，促进了各类认证在各地区质量管理和质量安全方面的保障作用，积极围绕创新型国家的建设，加强了信息安全方面的认证工作，有效地保障了公共安全。

八、积极促进了各个地区质量检验检测能力和水平的不断提高。根据各地经济发展特色，合理布局，强化现有检测机构的资质认定工作，优化整合质检部门检测资源配置。统筹规划各地国家级检测机构的建设，增加对有关检测机构和实验室的投入，加强人员培训，提高检测能力。加强各地现有国家级各类产品质检中心的规划，在强化已有检测条件和能力的基础上，根据各地经济发展的新特点，加强对机电、汽车及汽车零配件、石化、食品、机床、机电、重型机械、农林副产品等产品质检中心的支持力度，帮助其改革机制和体制，提高其检测能力和为中部地区经济发展服务的水平。

九、有力促进了各地商贸流通旅游业和体育服务业发展。一方面，积极促进了全国性和区域性农副产品市场比较集中地区的绿色市场认证，加快了各地商贸流通业的发展。结合旅游资源丰富、旅游产业比较发达地区的特点，大力促进旅游行业广泛开展质量管理体系认证，提高旅游服务水平和服务质量，打造旅游服务品牌。另一方面，认证认可工作还有效促进了我国各地体育服务业的发展。当前服务认证已经初步开展，它对于保障体育设施安全，提高体育服务质量，发展体育服务产业，发挥了积极作用。要进一步发挥认证认可工作在促进体育服务业方面的有效性。当前，要运用认证认可手段加强各地体育健身服务市场的规范化管理，坚持社会效益与经济效益并重，规范体育市场秩序，保护经营者和消费者的合法权益。利用认证认可手段促进中国体育用品业的自主创新能力，鼓励和引导各地体育用品企业增加研发投入，开展技术创新、产品创新和营销手段创新。不断加强体育用品标准体系建设以及产品质量认证工作，提高国际市场竞争力，打造体育用品世界品牌。

十、积极加强了对各个地区认证认可的技术支持与人才培养。提高了各地认证认可技术水平和认证认可人力资源队伍素质，切实加强了认证认可监督管理人员和行政执法人员的业务培训，提高了他们的业务能力和执法水平。加强了认证认可科技平台建设和检验检测资源的优化整合，积极促进认证认可人才的吸引、培养和结构优化，为各地认证认可工作持续不断地提供有效的技术保证和人才支持。

目前，国家有关部门还在整理、研究和制订其他一些认证认可政策性措施，以便持续不断地为地方经济社会发展提供更为系统、科学有效的支持。

进一步推进许可和认证两种制度整合优化[*]

为落实党的十八届三中全会精神，2015 年国务院要求各级政府按照"简政放权、放管结合、优化服务"原则，减少行政许可，更多采信认证认可等第三方机构评价结果，加快政府职能转变，建设服务型政府。

一、许可和认证两种制度整合的基本情况

行政许可制度是政府在管理经济、社会文化事务方面设计的一种法律制度和管理方式。认证制度是一项适应市场经济发展需要、可有效提升政府效能的第三方社会评价制度体系，按强制程度分为自愿性认证和强制性认证两种。其中，强制性认证制度是替代行政许可的有效形式。

近年来，认证制度已在世界各国广泛应用，成为各国政府行政监管的有力支撑。很多国家政府部门都借助认证手段提升行政监管效能，使用不同认证标志来标明认证产品对相关标准的符合程度，比如美国 UL、欧盟 CE、德国 VDE、中国 CCC 及日本 PSE 认证等。改革开放以来，我国认证制度也实现快速发展，已在产品、服务和管理体系等诸多领域对许可事项进行整合和替代，广泛实行认证认可。认证制度对我国经济增长、产业结构调整、产品质量水平提升和出口创汇能力提高等方面，都发挥了重要作用。我国许多政府机构包括铁路、公安、水利、司法等部门，也都通过认证采信手段来实现行政监管职能转变。例如，公安系统将消防产品纳入强制性认证，并且在招投标中全面采信认证结果。

当前我国行政许可和认证两种制度虽然得到了一定程度整合，但仍然存在

---

* 本文 2017 年 2 月发表于中国社会科学网。

一些问题。在产品质量安全、社会公共服务和对外进出口等重要经济社会领域，存在整合乏力、优化不足等突出问题；在产品、服务和管理体系等领域中认证认可手段还没有全面实施。同时，由于我国大量强制性标准还未能上升到较高法律层级，使得"产品认证"结果缺少法规保障，而显得效力不足。此外，一些政府部门或行业还采用自定的准入规则，这些"潜规则"具有"隐性强制"特点，它们与关联企业形成了"利益套娃"关系，往往缺乏合法性。在许可和认证制度整合过程中还存在其他一些问题，例如：许可覆盖范围较大、许可程序不规范、认证目录覆盖不足、认证发展缓慢、对被许可人监督不力等问题。

二、加快推进许可和认证两种制度整合优化的对策建议

为进一步推动简政放权，提高行政效能，必须坚持"放、管、服"相结合，减少行政许可事项，加快行政许可与第三方认证制度的有效整合优化。

一是创新政府治理模式，强化强制性认证制度建设。政府大量从事行政许可，等同于政府直接从事强制性认证工作。这样会增加政府财政负担，造成许多重复检测和认证。因此，必须创新行政管理方式，可用强制性认证来逐步代替行政许可。由于当前我国企业的技术水平和诚信水平，与发达国家还有较大差距，发达国家依靠企业自我声明的质量管理方式，在我国现阶段推行还缺乏必要条件。因此，对我国企业产品逐步采用强制性认证来代替行政许可，在现阶段是比较现实可行的选择。

二是加强"信用社会"制度建设，提高执法有效性。加强社会信用建设，可以为减少行政许可、有效提升认证公信力奠定良好的社会基础。国外认证制度已存有上百年历史，主要就是依靠"信用社会"制度来支撑发展的。而我国认证领域问题主要是由于法治"软化"，人情执法、社会信用缺失等现象严重。为此，要尽快使一批具有"行政许可"性质的达标、评比等合格评价活动，转变为符合市场规则的认证认可活动。还要建立统一的认证认可法律制度和执法机制，加大认证执法打假力度，加强社会监督，提高执法有效性。

三是整合行政资源，不断发展现有的认证认可联动工作机制。应尽快使政府从集"审批、评价、监督"于一身的直接管理者转变为政府以"制定政策、

采信第三方结果、后续监管"为主的间接管理者，提高政府宏观管理效能，降低行政成本。因此，必须整合行政资源，按照"统一管理，共同实施"原则，建立更加广泛的认证认可联动工作机制。一要加大采信力度，健全社会采信机制。二要加大部门协调力度，与相关部委共同推进国家重点领域认证工作。三要加大区域联动力度，健全地方联合机制，鼓励地方政府减少行政许可事项。

四是进一步简政放权，积极培育现代认证服务业。要积极推动政府职能转变，加快整合我国各类"官办"检验、检测和认证机构，逐步推进行业协会与行政机关脱钩，促进现代认证服务业快速发展。一要完善行业自律机制。健全自律激励机制，完善人员注册制度。二要推进从业机构品牌建设。积极营造公平竞争、多元发展的市场环境，加强认证行业文化建设。三要提升认证检测机构评价能力。提高认证检测水平，保障认证检测结果有效性。四要全面提升从业队伍素质，完善从业人员资质评定制度。

五是加强认证服务基础建设，全面提升认证技术支撑能力。深入实施认证科技发展战略，提高认证技术支撑保障能力。积极制订"十三五"认证标准化方案，加快实现认证标准化自主创新突破。完善认证检验方法类标准的验证体系，提升认证检验标准化水平。加快认证数据库与决策支持系统的建设，全面提升信息化水平。同时，应扩大认证技术国际交流，扩大我国认证认可的国际影响力，推动我国自主研发标准成为国际标准。

加快推进建筑节能认证事业发展的政策建议*

推行建筑节能，发展建筑节能认证，实现可持续发展已成为全球共识。我国建筑能耗量十分巨大，积极推进建筑节能认证工作，是我国当前推进节能减排、发展低碳经济的有效途径。

一、建筑节能认证工作开展的总体状况

从总体上看，我国建筑节能认证工作是值得肯定的，取得了一定成绩：成立了节能认证机构，发布了节能认证政策法规，开展了节能认证试点工作，节约了大量能源。随着经济增长和人民生活水平的不断提高，建筑节能认证工作不断得到加强。

（一）成立了建筑节能认证机构，制定了有关建筑节能认证的法律法规。一方面，国家成立了节能认证管理机构，开始有组织、有计划地开展我国建筑节能认证等工作。1998 年成立的中国节能产品认证管理委员会（下设中国节能产品认证中心）代表国家对节能产品实施认证，代表中国参加国际组织的相应活动。这标志着我国的建筑节能认证工作从节能认证技术研发、认证技术标准制定、认证技术推广与工程试点转向全行业推动阶段，建筑节能认证的组织管理得到了加强。另一方面，2000 年起实施的《民用建筑节能管理规定》中要求，为加强对民用建筑节能认证的管理，提高能源利用效率，改善室内热环境，鼓

* 本文发表于《发展研究》2010 年第 5 期。

励发展经过节能认证的新材料和新技术,并强调要实施建筑节能产品认证制度。

（二）建筑节能认证的领域和范围不断扩大。当前,我国已在一些城市开展了公共建筑节能认证试点工作,民用建筑的节能认证也在蓬勃发展。建成的通过节能认证的建筑逐年增加,太阳能和新能源在建筑上的应用工作进展迅速。通过节能认证的建筑工程从点到面逐步扩展。目前,已从少数北方城市建造单栋节能认证试点住宅,逐步发展为成千上万家、南北方城市成批建设的建筑节能认证示范小区。据不完全统计,截至 2008 年底,累计建成节能建筑面积达11.8 亿平方米;建成太阳房 1000 多万平方米,太阳能热水器拥有量 12600 万平方米,居世界第一位,并以每年平均 35%的速度增长;地热和地下能源也逐步得到推广应用。

（三）建筑节能认证标准化工作取得了一定成绩,建筑节能认证科技成果不断涌现。一方面,在建筑节能认证标准化工作方面,取得了一定进展。近年来,国家先后组织修订并实施了《民用建筑节能设计标准（采暖居住建筑部分）》;组织制订并颁布了《既有采暖居住建筑节能改造技术规程》《采暖居住建筑节能检验标准》等一大批产品标准;还组织编制了《夏热冬冷地区居住建筑节能设计标准》《外墙外保温技术规程》等建筑节能相关标准,为建筑节能认证工作的持续发展创造了一定条件。另一方面,建筑节能认证科技成果也大量涌现。国家积极组织实施了建筑节能认证科技攻关项目等重大科研项目,一大批通过节能认证的建筑材料例如节能门窗、外墙保温材料等有了很大进步。

（四）达到节能认证水准的建筑材料和产品,产业化速度在不断加快。近年来,达到节能认证标准的建筑材料产业发展迅速。据不完全统计,当前,建筑绝热材料年折合工程量共约 4500 万立方米;新型墙体材料年生产量达 4100 千亿块标准砖;塑料门窗市场年生产能力达 449 万吨;从事外墙外保温技术开发的专门企业已有 60 余家;太阳能热水器年产量达 610 万平方米。初步形成了门类齐全、综合配套、先进适用的建筑节能认证产品体系。

（五）建筑节能认证活动的国际合作广泛开展。建筑节能认证领域的国际合作发展迅速,促进了我国建筑节能认证的政策法规、科技与管理水平的提高。继续扩大了与法国、丹麦、德国、加拿大、美国以及欧盟等双边或多边的建筑节能认证合作项目,学习和借鉴了发达国家的先进技术和管理经验。

二、建筑节能认证领域中存在的问题

当前，我国建筑节能认证工作虽然取得了一定成绩，但是在很多方面仍然存在着较大的问题，需要予以重点关注。这些问题具体表现如下：

（一）有关建筑节能认证的法律、法规还不够完善，约束力有待加强。目前，我国已有两部与建筑节能认证直接相关的法律文件：《建筑法》和《节约能源法》。《建筑法》侧重于保证建筑质量，而对建筑节能认证的相关规定却很少，缺乏约束建筑节能问题的具体条款。《建筑法》只是在第一章第四条中原则性地提到"国家扶持建筑业的发展，支持建筑科学技术研究，提高房屋建筑设计水平，鼓励节约能源和保护环境，提倡采用先进技术、先进设备、先进工艺、新型建筑材料和现代管理方式。"《节约能源法》中与建筑节能认证直接相关的规定也只是坚持自愿原则，政府只是积极鼓励开展节能认证，而并没有规定要进行强制性建筑节能认证。《节约能源法》只是在第二章第二十条中提到"用能产品的生产者、销售者，可以根据自愿原则，按照国家有关节能产品认证的规定，向经国务院认证认可监督管理部门认可的从事节能产品认证的机构提出节能产品认证申请"。此外，还有两个与建筑节能认证相关的部门规章：《民用建筑节能管理规定》和《建设领域推广应用新技术管理规定》，但也存在着惩罚力度不够的弊端。

（二）建筑节能认证的监督管理工作体制还未完全理顺。目前，建筑节能认证监管部门之间的权责界定不够清晰，尤其是建设部与国家认监委之间的权责关系还需要进一步理清。在《节约能源法》的第三章第三十四条中规定"国务院建设主管部门负责全国建筑节能的监督管理工作"；而在《认证认可条例》第一章第四条中规定"国家对认证认可工作实行在国务院认证认可监督管理部门统一管理、监督和综合协调下，各有关方面共同实施的工作机制"。可见，建设部与国家认监委这两个部门都在依据不同的法律、法规开展建筑节能认证监管工作。由于这两个部门之间存在一些职能交叉，往往会出现职责不清的现象，从而会引起监管漏洞出现，导致执法不严、监督不力、推诿扯皮的问题产生。此外，还会导致建筑节能认证数据统计的缺失。

（三）**节能认证标准较低，新建建筑中贯彻节能标准的比例不高**。一方面，现阶段我国建筑节能认证普遍存在技术标准不健全、技术标准过低、技术发展滞后等问题，从而导致节能认证推广工作进展缓慢、一些成熟的技术与产品无法得到及时推广应用。与发达国家建筑节能认证的发展速度相比，我国的总体差距有所扩大。另一方面，我国新建建筑中贯彻节能标准的比例较低。当前，我国现有建筑的 80%达不到节能标准，新增建筑中节能不达标的超过六成，绝大部分新建建筑仍然是高能耗建筑，单位建筑能耗是发达国家的 2—3 倍，建筑采暖已成为城市建筑能耗的主要来源之一。即使在节能建筑中也普遍存在着"节能建筑不节能"的现象。随着建筑能耗总量及其所占比例的增加，必然会对社会造成沉重的能源负担；由此排放的温室气体也必然会造成严重的环境污染。

（四）**政府的激励政策不到位**。长期以来，由于政府缺乏相应的激励政策，推行建筑节能认证的各方迟迟不能自愿投入到建筑节能的大军中来。许多建材生产厂家不愿增加成本，生产节能型的建材和产品；由于市场需求有限，科研机构也缺少动力进行节能产品的研制与开发；尤其是开发商，只敷衍执行相关规定的下限，节能认证工作难以实质性地展开。"十一五"期间，全国城乡住宅预计累计竣工面积预计达 87 亿平方米，其中城镇住宅竣工面积 57 亿平方米，农村住宅竣工面积 30 亿平方米。如果政府不采取相应的激励和约束政策，这些新建房屋达不到节能认证标准，必将会造成巨大的能源浪费，同时还会成为以后节能改造的重大负担。此外，由于政府缺乏严格的限制措施，我国年产量达 5400 多亿块的实心黏土砖，绝大部分工艺技术落后、浪费能源和污染环境，难以达到节能认证标准，每年由此毁坏和占用的耕地达 95 万亩。

（五）**社会各界对建筑节能认证的重要性和紧迫性认识不足，参与建筑节能认证活动的积极性不够高**。社会各方对于当前建筑节能认证的形势认识不够深入，没有深刻认识到我国的建筑节能认证工作正处在一个关键的历史时期。当前，我国建筑用能在全社会能源消费量中占很大的比重，2008 年我国建筑用商品能源消耗共计 8.56 亿吨标准煤，占当年全社会终端能源消费量的 30%左右。我国现有的 420 亿平方米存量建筑，绝大部分属于高耗能建筑。2001—2008 年间，中国新建建筑中真正按照国家建筑节能标准设计和施工的只占 60%左右，而且对建筑节能标准的执行率在不同地区间也存在较大的差异。由于认识和政策上不足的原因，当前认证机构、建材厂商、开发商与消费者等社会各方参与建筑节能认证活动的积极性普遍不高。

三、积极开拓创新　进一步做好我国建筑节能认证工作

（一）加强有关建筑节能认证政策法规的研究与制订。要加强对建筑节能认证工作的法律约束力。政府有关部门应对现有的节能认证法律法规进行补充修改，对法律法规相抵触部分要加以调整。要在《建筑法》中进一步强调节能环保的重要性，增加推进建筑节能认证的关键性内容，对新建筑节能和旧房改造节能的规定标准要具有可操作性。还要在《节约能源法》中增加对建筑节能认证的强制性要求，以及对未获证组织的惩罚性措施。各级政府除了要严格执行国家建筑节能认证有关规定外，还应尽快出台法规性文件作出规定：使建筑节能认证标准成为国家强制性标准，予以强制推行；建立健全建筑节能认证标准体系和法规体系；研究制定建筑节能认证管理条例，发布建筑节能认证法规；建立获证建筑的能耗监督和统计报告制度。

（二）加强对建筑节能认证的引导调控，增加对建筑节能认证工作的投入。首先，要积极引导建筑节能认证市场健康有序发展。要充分运用政府的宏观调控作用，推动规范性建筑节能认证市场的形成，促进节能认证行业的健康有序发展。其次，要鼓励社会各方积极参与建筑节能认证活动。应妥善处理好节能认证机构、建材厂商、开发商与消费者之间的关系。积极协调、密切合作，谋求在建筑节能认证政府主管部门、建筑节能认证机构、有关行业协会与建筑节能产品的生产企业之间建立并形成灵活有效的平等合作关系。第三，要积极筹措资金，增加对建筑节能认证的投入。各地应结合国家财政体制改革，积极做好有关建筑节能认证项目的申报工作，力争列入国家计划。要用好已有的节能认证专项经费，确保节能认证专项经费的较大部分用于支持新型建筑材料的节能认证工作。还要积极争取国际资金的支持。

（三）尽快完善建筑节能认证标准体系，积极推行能效标识制度。一方面，要加快建筑节能认证标准的制定步伐。应尽快建立完整的建筑节能认证标准体

系，配合节能认证标准的实施，积极编制全国和地方性的标准图、通用图等配套图集。还应加强对国外节能认证标准的调查、收集和分析研究工作，从中吸取有益经验。例如，可加强对德国建筑节能认证技术标准体系的借鉴，德国建筑节能认证规范 EnEV-2002 就很有实际操作性。另一方面，要大力推行能效标识制度，推进建筑节能认证活动。要用建筑能效测评标识制度，引导房地产开发商执行建筑节能标准，推进建筑节能认证。建立绿色建筑评价体系，推进建筑用能产品能效分级认证和能效标识管理制度；建立节能建筑评定体系，推行建筑能耗性能评级和绿色建筑性能评定分级；积极鼓励各地大批量建造各种类型的有代表性的节能认证示范建筑。还要积极借鉴国外的先进经验，例如美国的"能源之星"认证标识制度、欧盟的 GEA 标识和 EU 能源标识制度。

（四）积极促进科技创新，做好建筑节能认证试点示范工作。一方面，要加快促进科技创新工作。要尽快研究开发出一批科技含量高、满足建筑节能认证标准要求的先进技术产品，健全节能建筑认证标识体系，编制认证技术与认证产品推广、限制、淘汰目录。另一方面，要做好认证技术试点推广工作。各级政府主管部门都要开展建筑节能认证的试点示范工作，有重点地建设一批提高居住质量、改善居室环境的节能建筑和示范小区。积极组织实施"建筑节能认证示范工程"。各地要通过示范建筑、示范小区的建设，研究适应当地条件的新的节能材料、设备和技术。要以试点工程为载体，综合推广应用建筑节能认证新技术，展示节能认证成果。

（五）积极建立健全各类建筑节能认证机构和监管协调机构，加大执法监察力度。其一，积极设立各类建筑节能认证机构，其业务应主要从事与建筑节能认证有关的认证、检测、国际合作和认证试点示范工程等工作。其二，建立节能认证监管协调机构。全国建筑节能认证机构的监管工作应由国家认监委负责，要由国家认监委和建设部共同组成建筑节能认证工作协调组，统一监督和协调全国的建筑节能认证工作。各地认证主管部门应建立和健全建筑节能认证监管执法机构，健全地方建筑节能认证监管体系。其三，加强对建筑节能认证的监督管理，严格执法。对于新建建设项目未按节能认证的标准设计建造，达不到节能认证要求的，必须给予相应的经济处罚、必要时还需停业整顿、降低其设计施工资质。对建筑节能的违法行为要加大查禁处罚力度。

（六）加强国际合作，不断提高我国建筑节能认证的技术与管理水平。应抓住机遇，积极开展与国际组织、外国政府、外国民间团体和国外节能认证机构之间的双边或多边国际合作，最大限度地利用国际资源，为我国建筑节能认证事业服务。广泛拓展合作领域，跟踪世界科技发展动向，努力提高我国建筑节能认证的技术与管理水平。积极学习借鉴发达国家发展建筑节能认证的经验和做法，结合本国的实际情况，加快自主创新的步伐，形成有中国特色的建筑节能认证模式。

（七）坚持正确的指导思想，提高全民建筑节能认证意识。一方面，要坚持以科学发展观为指导，发展建筑节能认证事业。必须坚持"资源开发与节约并举，把节约放在首位，提高资源利用率"的方针，以节约能源、保护环境、改善建筑功能与质量为目标，跨越式推进建筑节能认证事业，促进城乡建设、人民生活和生态环境的协调发展。另一方面，必须提高全社会的建筑节能认证意识。要开展广泛持久的建筑节能认证宣传活动，提高全社会的建筑节能意识和可持续发展的意识；组织学习建筑节能管理规定，举办建筑节能认证培训班、研讨会；加强建筑节能认证科技书刊和通俗读物的出版工作；建立建筑节能认证信息网站，搜集整理国内外信息。

适应能源新形势　促进节能认证工作新发展[*]

当前，能源问题成为制约我国经济社会发展的重大问题。为推动经济社会可持续发展，缓解能源瓶颈制约，实现全面建设小康社会的宏伟目标，必须大力推动节能工作。节能认证工作作为推动整体节能工作的重要环节，应该受到有关部门的高度重视。

一、当前我国节能面临严峻形势

当前，我国节能面临十分严峻的形势。随着中国经济快速发展，人口增加、工业化和城镇化进程的加快，特别是重化工业和交通运输的快速发展，汽车和家用电器大量进入家庭，能源需求大幅度上升，经济社会发展面临的能源约束矛盾突出。我国在能源利用方面的形势不容乐观，主要表现如下：第一，资源总量大，产量大，消耗量大；第二，资源探明程度低，采收率低，利用效率低；第三，人均拥有资源量少，人均消费能源水平低。上述基本情况决定我国在能源问题上存在三大矛盾：污染环境的煤炭资源消费量过大与优质的石油天然气资源缺少和供应不足的矛盾；能源生产总量大与能源利用效率低之间的矛盾；人口数量大和人均用能少之间的矛盾。

在我国能源约束矛盾日益凸显的同时，我国能源利用效率与世界先进水平相比仍存在较大差距。目前我国的能源利用效率为 33%，比发达国家低约 10个百分点。电力、钢铁、有色、石化、建材、化工、轻工、纺织 8 个行业主要产品单位能耗平均比国际先进水平高 40%；钢、水泥、纸和纸板的单位产品综

---

* 本文发表于《广西经济管理干部学院学报》2010 年第 7 期。

合能耗比国际先进水平分别高 21%、45%和 120%；机动车油耗水平比欧洲高25%，比日本高 20%；我国单位建筑面积采暖能耗相当于气候条件相近发达国家的 2—3 倍。这些指标既反映了中国目前的能源使用比较浪费，但也充分表明，我国提高能源效率潜力巨大。

从中国国情出发，解决能源约束矛盾，必须全力实施节约优先的方针，大力节约能源，提高能源效率。节能是缓解能源约束矛盾、保障国家能源安全的现实选择，是解决能源环境问题的根本措施，是提高经济增长质量和效益的重要途径，是增强企业竞争力的必然要求，必须从战略高度充分认识节能的重要性，增强危机感和责任感，大力提高能源利用效率。

二、节能认证在我国节能战略中发挥了重要作用

节能是目前中国的长期任务，是全社会的共同责任，是经济和社会发展的一项长远战略方针，也是中国为世界可持续发展做出重要贡献的事业。为缓解当前煤电油运紧张状况和全面建设小康社会面临的资源约束矛盾和环境压力，保障国民经济持续快速协调健康发展，全社会需要共同努力，着力加强节能工作，深入开展节能认证，大力提高能源利用效率，为加快中国节约型社会建设、促进全球节能和环境保护不断做出新的贡献。

节能认证是节能领域中一项十分有效的措施。节能产品认证是依据相关的标准、技术要求和认证程序，经具有资质的第三方节能产品认证机构确认，并颁布节能产品认证证书和在产品粘贴节能标志，证明某一产品为节能产品的活动。节能认证能够体现出产品或技术的性能指标，目的是为用户和消费者的购买决策提供必要的信息，以引导和帮助消费者选择高能效节能产品，从而影响耗能产品设计和市场销售，以促进产品能效的提高和节能技术的进步，节约能源，减少污染物排放，最终达到全社会节能的目标，创造一个和谐的生态环境。

节能认证制度抓住了节能工作的源头，已经取得了很好的节能效果。为了有效开展节能认证工作、保障节能产品的健康发展和市场公平竞争、促进节能产品的国际贸易，原国家经济贸易委员会于 1999 年依据节能法颁布了《中国节能产品认证管理办法》和节能产品认证标志，正式启动了我国的节能认证工作，

并采用自愿性认证原则，标志着我国节能认证制度的正式建立。认证产品已涉及家用电器、照明器具、办公设备、机电产品、电力设备、建筑产品等领域 35 大类，经过几年努力，我国节能认证工作获得了较大的发展，到目前为止已开展了家电、照明、电力、机械、办公设备等领域的近 30 类耗能产品的节能认证工作，而且市场上已经有越来越多的获得节能认证的产品在其产品或者包装上使用节能产品认证标志。节能认证带来巨大的效益。据有关机构测算，仅冰箱一项分析数据表明，从 1999 年到 2002 年底，通过节能认证措施的实施，累计节电达 11.7 亿千瓦时，按照全国平均电价 0.57 元/千瓦时计算，共节约 6.7 亿元人民币。

实践证明，节能认证制度是适应我国社会主义市场经济发展，推动企业的节能降耗技术进步，规范节能产品市场，增强企业在国内外市场竞争能力的有效手段。但由于我国节能认证的起步较晚，仍存在一些问题，有待进一步解决。

三、国外先进节能认证经验的借鉴

从国外经验来看，节能认证工作的确已经成为一项非常有效的节能手段。节能认证制度以其投入少、见效快、对消费者影响大等优点，已在世界范围内得到普及。目前，世界上已有欧盟、美国、加拿大、澳大利亚、巴西、日本、韩国、菲律宾和泰国等 37 个国家和地区实施了节能认证制度，取得了显著的节能、环保和经济效益。节能认证制度有效拉动了高效产品市场需求。

各国具体的节能认证措施如下：其一，欧盟各成员国采取的是白色认证体系。白色认证体系强化了对企业的约束，要求企业向最终用户提供最节能的方案，由认证机构对所节约的能源数量和时间给出认证。其二，美国采取的是"能源之星"节能认证制度。美国 1992 年开始实施自愿性节能认证（能源之星）。美国的采购法和几个总统令都规定政府必须采购"能源之星"认证产品。"能源之星"认证活动间接地成为政府强制性行为，是国外产品进入美国市场的技术壁垒。^①其三，韩国也实行了节能认证制度。韩国政府鼓励向购买节能认证产品的消费者提供低息长期贷款。韩国电力公司也对购买节能认证产品的消费者有一定的优惠。国外这些节能认证活动的实施，有效地缓解了世界能源供应的紧张局面，极大地改善了人类生存环境，同时也促进了节能产品的开发与应用。

从国外节能认证的经验可以发现，节能认证制度不仅使消费者的能源费用支出在减少，而且还促使生产者积极开发、生产通过认证的更高效产品。可见节能认证制度的有效实施，极大促进了世界各国节能目标的实现，值得我国很好地借鉴。

四、积极拓展节能认证工作的新思维

为了确保经济增长、能源安全和可持续发展，促进能源高效利用，需要进一步做好建立基于我国能源资源特点、统筹规划、协调一致的促进节能认证政策，积极拓展节能认证工作的新思维。

（一）要坚持和实施节能认证优先的方针。节能认证对缓解能源约束矛盾、保障国家能源安全、提高经济增长质量和效益、保护环境具有重要意义，要把节能认证作为能源发展战略和实施可持续发展战略的重要组成部分，把节能认证放在突出位置，长期坚持和实施节能认证优先的方针，推动全社会节能。

（二）要对落后的未经节能认证的用能产品、设备实行逐步淘汰制度。国家要逐步对落后的未经节能认证的耗能过高的用能产品、设备实行淘汰制度，节能认证主管部门要定期公布淘汰的耗能过高的用能产品、设备的目录，并加大监督检查的力度。达不到强制性能效标准或节能认证标准的耗能产品或建筑，不能出厂销售或不准开工建设，对生产、销售和使用未经节能认证的国家淘汰的耗能过高的用能产品、设备的，要加大惩罚力度。

（三）要制定和实施强化节能认证的激励政策。要实行强制性节能认证制度。目前节能认证属于自愿性认证，鉴于节能对于我国经济社会发展的重要性，

---

① 张世坤：《我国当前的能源问题及未来能源发展战略》，《能源研究与信息》，2004 年第 4 期。

应该进一步加强对节能认证的支持力度，必须将节能认证作为强制性认证来加以要求和管理。要制定强制性的《节能认证设备（产品）目录》，重点节能认证领域是终端用能设备，包括高效电动机、风机、水泵、变压器、家用电器、照明产品、汽车及建筑节能产品等。要对生产或使用《目录》所列节能认证的产品实行鼓励政策，具体如下：其一，要将节能认证产品纳入政府采购目录。其二，国家要对一些重大节能认证工程项目和重大节能认证技术开发、示范项目给予投资和资金补助或贷款贴息支持。其三，节能认证的监督管理等所需费用，要纳入各级财政预算。其四，研究鼓励发展节能认证车型标准和加快淘汰高油耗车辆的财政税收政策，择机实施燃油税改革方案。

（四）加大依法实施节能认证管理的力度。加快建立和完善以《节约能源法》为核心，配套法规、标准相协调的节能认证法律法规体系，依法强化监督管理。一是研究完善节能认证的相关法律，抓紧完善《节能认证管理办法》等配套法规、规章。二是建立和完善节能认证监督机制。要积极组织对钢铁、有色、建材、化工、石化等高耗能行业使用节能认证产品情况进行监督检查。

（五）加快节能认证技术开发、示范和推广。组织对共性、关键和前沿节能认证技术的科研开发，实施重大节能认证示范工程。建立以认证机构为主体的节能认证技术创新体系，加快科技成果的转化。要引进国外先进的节能认证技术，并消化吸收。组织先进、成熟节能认证新技术、新工艺、新设备和新材料的推广应用。重点推广列入《节能认证设备（产品）目录》的终端用能设备（产品）。

（六）推行以市场机制为基础的节能认证新机制。一是建立节能认证信息发布制度，利用现代信息传播技术，及时发布国内外各类先进的通过节能认证的新技术、新工艺和新设备，鼓励企业生产的产品通过节能认证。二是大力推动节能产品认证制度的实施，运用市场机制，引导用户和消费者购买节能型产品。三是要克服节能认证新技术、新产品推广的市场障碍，促进获得节能认证的产品、技术产业化，为企业实施节能改造提供服务。四是建立节能认证技术的投资担保机制，促进节能认证技术服务体系发展。

（七）加强对重点行业节能设备的认证管理。要组织对重点用能企业的主要耗能设备、工艺系统的检测，确定是否通过认证，定期公布重点用能企业的能源利用状况及与国内外同类企业先进水平的比较情况。

（八）**强化节能认证宣传、教育和培训。**广泛、深入、持久地开展节能认证宣传，不断提高全民资源忧患意识和节约意识。要使消费者主动购买效率高的节能认证产品；另一方面也促使生产者积极主动加入到节能认证行动之中。还要将节能认证纳入技术教育培训体系。

（九）**加强组织领导，推动规划实施。**节能认证是一项重大工程，需要有关部门的协调配合、共同推动。要加强对节能认证工作的领导，明确专门认证机构、人员和经费，制定规划，组织实施。有关行业协会要积极发挥桥梁纽带作用，加强行业节能认证工作的开展。还要推行政府对节能认证产品的采购，优先采购节能环保型公务车，发挥政府节能表率作用。

（十）**扩大节能认证领域的国际合作。**要加强与国际组织、欧盟、世界银行及世界各国在节能认证等领域的多层次、多方式合作。实现国际互认、互利双赢和多赢。节能产品的国际互认，不仅可以全面地提高技术和管理水平，而且为打破国际贸易技术壁垒，为中国产品进入国际市场提供了良好契机。

关于浙江省德清县救助模式的调查研究[*]

近年来，浙江省德清县社会救助模式已经初具特色，救助体系已基本完善，能够适应全面建设小康社会的要求，在救助政策、救助范围等方面加大实施力度，为困难群众提供更多更大的救助，确保民生保障作用，起到安全网的作用，为我国各地区开展扶贫救助、全面建设小康社会，提供很好的借鉴模式。

一、德清分类分层救助模式

1. 实施分层、分类救助制度。从 2006 年起针对贫困问题的复杂化，贫困群体求助需求的多样性和困难程度的差异性，合理确定了四个救助层次，再根据困难群众致贫、致困的不同情况实施六类救助。四层救助圈是低保对象、低保边缘对象和因灾因病等突发原因造成的人均收入在低保标准 150%以下的困难对象以及城市流浪乞讨人员无力支付医疗费用的危急病人。六类救助是生活救助、医疗救助、住房救助、教育救助、就业援助、司法援助。实施分层分类救助后，充分保障了救助对象需求的全面性和有效性，避免了重复救助、交叉救助等状况，使救助落到实处。

2. 健全救助网络。一是整合救助资源，加强救助机构建设。全县 11 乡镇都成立社会困难群众救助工作领导小组；11 个乡镇建立了 11 所社会救助事务所，从事救助工作人员有 62 人，专职管理社会救助工作。二是注重培训，提高救助管理能力。着力加强培训工作，采取分级培训方式。县级重点对乡镇民政助理员培训，乡镇民政助理员对村（居）民政联络员培训。

---

* 本文成文于 2010 年 7 月。通讯作者：梁洁，简介同前。

3. 完善保障机制。一是建立最低城乡居民最低生活保障标准自然增长机制，城镇低保标准按照上年度最低工资标准的 40%确定，农村低保标准按照城镇低保标准的 60%确定。二是建立残疾人和五保老人生活保障机制，对列入低保且生活不能自理、无劳动能力的重度残疾人和"一户多残"家庭的残疾人，低保金按标准予以全额发放。对已集中供养的农村五保对象，低保金发放标准，参照城镇低保标准全额发放。三是建立物价补贴机制，随着物价上涨等各类因素引起的补贴，按照省里要求及时与财政部门联系，直接安排资金即可下发。

4. 规范审批制度。一是民主评议制度。民主评议低保家庭，并进行公示。二是协议制度。对列入低保的家庭，必须当地政府签署协议书，明确双方应承担的责任。三是红绿卡制度。对低保对象实行低保期限的分类管理。绿卡一般属于静态管理，红卡属于动态管理。四门槛制度。对同意纳入低保的对象，按照其家庭收入低于最低生活保障标准之间的差额给予补足，城镇每人每月补差最低不得低于 90 元，农村每人每月补差不得低于 60 元，对家庭对象补差额不是整数的，靠高归零为整发放。五是动态管理制度。对低保家庭实施"应保尽保、应退尽退"。低保家庭发生情况变化时，村（居）委会应提交"动态管理报告书"。进保和退保均实行严格的审批制度。

二、医疗救助的德清模式

1. 完善措施，落实政策到位。对原有的《德清县城乡困难人员医疗救助办法（试行）》和《德清县"医疗票"实施暂行办法》等制度进行进一步修改、完善，出台门诊、住院定额、大病和特殊病种等四类医疗救助的具体条件、标准，从解决城乡困难群众最关心、最现实、最迫切的基本医疗保障问题着手，进一步完善医疗救助制度，筑牢医疗保障底线。

2. 多方筹资，确保资金到位。与财政、卫生等部门做好工作对接，进一步完善大病医前和"零起点"医疗救助办法，建立医疗救助专项基金，采取财政补助、慈善捐款、医疗减免等多种形式，县财政按人均 7 元标准落实医疗救助金 301 万元，确保医疗救助资金足额兑现到位。2009 年上半年，德清县对申请医疗救助的 323 户进行了调查核实，对 269 户医疗救助对象发放补助金 103 余万元。

3. 科学管理，规范操作到位。对申请医疗救助的困难户，从提出申请、核查资料、上门走访、公示评议、审批核准等每个环节上建立起一套规范化的操作程序，积极探索医疗全程救助"一站式"管理服务的具体操作规程，确保医疗救助新政策在实际操作中做到公开、公平、公正。

4. 建立全程医疗救助模式。加大对低保家庭"零起点"医疗救助和特困家庭大病医疗救助力度，建立起以门诊救助、住院定额救助和大病救助相结合的全程医疗救助模式。在原医疗救助工作的基础上，进一步提高救助标准，拓宽救助人群，体现出三个特点：一是全程救助。结合当地实际，对医前门诊救助，医中住院住额救助和医后大病救助都进行了制度设计。力求覆盖全程，使困难群众小病及时医、住院有保障、大病再救助。二是分类救助。在原先发放低保户 100 元/户/年"医疗票"的基础上，进一步提标扩面，将困难人群分为两类四档：对低保"绿卡"对象和家庭人口 4 人以上的低保"红卡"对象，发放 300 元/户/年"医疗票"；家庭人口 3 人以下低保"红卡"对象发放 200 元/户/年"医疗票"；对家庭收入在低保标准 150%范围，家庭人口 4 人以上的低收入户发放 250 元/户/年"医疗票"；家庭人口 3 人以下低收入户发放 160 元/户/年"医疗票"。三是即时救助。为确保困难群众住院看病有保障，德清县推出住院定额救助措施。凡低保对象、家庭收入在低保标准 150%范围内的低收入对象因病在定点医院住院，费用（医保范围内）在 3500 元以内的，在扣除医疗保险报销后，定点医院减免药费以外医疗费的 10%，由低保对象本人出 500 元（低收入对象本人出 800 元），其余部分由民政统一结算。

三、德清农村困难群众危房改造模式

为确保农村困难群众危房改造顺利完成，通过政府资金扶持，采取乡镇、村、个人出一点的办法，解决危房改造资金，具体是：一是危房改造家庭出一点，原则上出资不少于 20%，但是个别家庭无力出资的或低于 20%的，由县乡两级补足，但产权归村委会所有；二是县补助一点，改造户按照建设面积每平方米补助 100 元，最高每户补助 1 万元，维修户一般每平方米补助 50 元，最高补助 5000 元，如果是优抚对象，补助资金再上浮 20%；三是乡镇配套一点，各乡镇结合实际，原则上与县补助资金1:1的比例配套资金；四是村级集体经济配套一点，其中县确定的22个贫困村的配套资金由县级给予补助。德清县在危房改造资金的使用上，采取了"免、补、帮"等多种措施。2008年完成了262户改造任务，投入资金达1200余万元（其中县财政救济补助122万元）。

四、德清县扶持救助残疾人模式

对有德清本县户籍的常住残疾人，均列入扶持救助对象范围，享受的有关扶持救助政策。残疾人在本县各县级医院或乡镇卫生院就医时，凭《残疾人证》优先就诊、检查、化验、交费、取药等，并免收挂号费（专家门诊除外）、诊疗费，减免10%的注射费、检查费。享受政府最低生活保障的残疾人（以下简称低保残疾人）在县政府已规定低保户享受减免住院医疗费用总额15%的基础上，再给予减免5%的优惠，即减免20%。对残疾人患病医疗，除上述医院优惠费用和农村合作医疗或城镇职工基本医疗保险报销外，按《德清县城乡困难人员医疗救助办法（试行）》的规定再予以医疗救助。对低保家庭的精神残疾人，由监护人向县精防办申请，享受免费配送抗精神病药物，经费纳入县财政预算。残疾人参加由县以上残联组织或批准的职业技能、种养业技术培训，在取得结业证书或技能等级证书后，其培训费用由县残联予以全额补贴。鼓励社会力量依法兴办残疾人工疗机构、盲人保健按摩机构等，并按规定给予税费减免或适当补助。残疾人家庭发展种养业和从事个体经营资金有困难的，经申请批准后，由县残联给予1万—5万元贷款额度的贴息。低保残疾人家庭无房户、危房户或特殊困难的低收入残疾人家庭无房户、危房户，经县残联确认后列入房屋改造计划，改造资金采取县补助一点、乡镇配套一点、村（社区、居）委会和社会（亲友）资助一点的办法筹措解决。新建（购）房的，县残联补助每户5000—10000元；维修的，补助每户1000—3000元。对列入低保的生活不能自理、无劳动能力的重度残疾人和"一户多残"残疾人家庭的残疾人，低保金按标准予以全额发放，其经费纳入财政预算（具体实施办法另行制定）各部门、单位按规定履行扶持救助残疾人义务所发生的各种费用，除明确由财政和县残联承担的以外，其余均由扶持救助的部门、单位负责承担。

五、德清县临时生活救助模式

临时生活救助，是针对德清常住居民在家庭生活中遇到突发性、特殊性困难的救助。临时生活救助资金总量不低于全县常住人口人均3元的标准安排。资金来源：财政安排；慈善捐款和社会捐助；福利彩票筹集的公益金等。临时救助实行专账管理，专款专用，年度结余可以结转下年使用。临时生活救助为一次性救助。